你是否见到过日落时分从木屋屋檐凝视着你的发光的眼睛？你是否听到过深夜里当其他人都睡着时传来的偷偷摸摸的脚步声，或者龙鳞在石头上缓慢滑行而产生的沙沙声？那仅仅是一只大猫在夜幕笼罩的街道上庄严地走来走去，还是什么……别的东西？

如果你有胆量，就请走进这可怕且怪异的领域，并发现那些潜伏在人类世界边缘的野兽；了解古代神话中那些守卫着庙宇和宝藏，或者在荒野中游荡以寻找猎物的生物；探索那些在非洲、亚洲和古希腊地区出现的可怕但迷人的神兽，以及那些仍然在当今的都市神话和传说中存在的现代怪物。我们将会探索是什么促使我们创造怪物来解释恐惧心理和自然现象，以及其中一些怪物是以何种方式又因何种原因而在多种文化中拥有相同的形态特征。

目 录

ALL ABOUT HISTORY 萤火虫 REFLY

Monsters and Mythical Beasts

传说中的怪物与神兽

[英] 阿普里尔·马登 编著
崔学森 李应鹰 译

中国画报出版社·北京

图书在版编目（CIP）数据

传说中的怪物与神兽 / (英) 阿普里尔 · 马登编著；崔学森, 李应鹰译. -- 北京：中国画报出版社, 2023.3（2025.6重印）
（萤火虫书系）
书名原文: History of Monsters & Mythical Beasts
ISBN 978-7-5146-2176-1

Ⅰ. ①传… Ⅱ. ①阿… ②崔… ③李… Ⅲ. ①历史地理－世界－通俗读物 Ⅳ. ①K916-49

中国版本图书馆CIP数据核字（2022）第224960号

FUTURE

传说中的怪物与神兽

[英] 阿普里尔 · 马登 编著　崔学森 李应鹰 译

出 版 人: 方允仲
责任编辑: 李聚慧
责任印制: 焦　洋

出版发行: 中国画报出版社
地　　址: 中国北京市海淀区车公庄西路33号　邮编: 100048
发 行 部: 010-88417418　010-68414683（传真）
总编室兼传真: 010-88417359　版权部: 010-88417359

开　　本: 16开（787mm × 1092mm）
印　　张: 11.5
字　　数: 200千字
版　　次: 2023年3月第1版　2025年6月第3次印刷
印　　刷: 三河市金兆印刷装订有限公司
书　　号: ISBN 978-7-5146-2176-1
定　　价: 68.00元

中东和非洲的怪物

亚洲的怪物

现代怪物

世界各地的怪物

怪物与神兽

怪物潜伏在世界的未知区域和我们的心灵深处，
总是蛊惑着人类的内心

作者：本·加祖尔

在上一个冰河时期，欧洲最可怕的野兽是穴狮，最大的生物是猛犸象。对这一时期的人类来说，两者都代表了他们无法掌控的力量。然而40000年前，有人用一块猛犸象牙，雕刻出了一个将人与兽结合在一起的雕像——“狮人”。它有人的身体和四肢，但上面是狮子的头，是迄今为止发现的最早的一件具象艺术作品。在艺术诞生之初，人类就已经开始捕捉在寻找怪物和神兽的过程中迸发出的灵感了。

在古代艺术中，狮身人面像绝非独一无二。兽人（动物-人类杂交，Therianthrope）的图像出现在世界各地的洞穴艺术之中。12000年前，人们在法国的一个离地面4米且人迹罕至的地方，将一个长着鹿耳朵和鹿角的人的形象绘刻在洞壁之上，仿佛要把它置于很远的地方。这些早期的形象代表了什么？由于它们早于文字的发明，所以我们永远无法确定它们是神、灵、怪物，还是我们现在所不知道的某类生物。

什么是怪物？

怪物有很多种形式，人类的想象力能创造多少就有多少。在某种程度上，我们可以说怪物是一种超越自然界的存在。狼是天生的，人是天生的，但兼有这两种形态的狼人是可怕的。正常的狗只有一个头，但如果给它三个头，那它就成了地狱的看门狗——刻耳柏洛斯。

“monster”（怪物）这个词可能来自拉丁

怪物是一种超越自然界的存在。

▲ 从最早的时候起，人类就认为这个世界充满了可怕的、超自然的野兽，如这只古代波斯狮鹫

怪物的骨头

在英国惠特比的海滩上，当地人经常发现奇怪的黑色石头。它们盘绕在一起，看起来像极了石化的蛇。关于所谓的“蛇石”，有一个说法：圣希尔达（St Hilda）为了修建修道院，于是将那里的蛇驱赶出来并变成石头来惩罚它们。事实上，它们是菊石或已经灭绝的软体动物化石。然而，这表明了化石和民间传说之间可能存在深层联系。

古人认为，蒙古国生活着狮鹫——一种身体和四肢都像狮子但头像鹰的生物。一些人认为，这种生物来源于当地人发现的原角龙（protoceratops）残骸。原角龙是一种狮子大小、长着喙状嘴的恐龙。年代更近的化石，比如大象的化石，可能导致了独眼巨人想法的出现，因为它们头骨的鼻腔看起来像一个巨大的眼窝。足迹化石也进入民间传说之中。这些痕迹存在于坚硬的石头上，被认为是魔法生物留下的。在中国，它们有时被认为是龙留下的足迹。还有些人认为兽脚类动物的三趾脚印属于巨大的天堂鸡。

▲ 化石可能启发了许多有关神兽的传说。有喙的恐龙原角龙可能就是狮鹫的原型

语“monstrare”（展示）和“monere”（警告）。对罗马人来说，神经常通过自然界发声。一个怪物的诞生，例如一个有两个头的动物，将是神给人类的警示。怪物和神兽在我们祖先的日常生活中出现得频次非常多，似乎因为他们经常在生死的边缘徘徊。

无知也是人类创造许多怪物的关键因素。如果不了解自然，那么任何事情看起来可能都不合规律。古希腊人是如何看待他们见到的第一只长颈鹿的？他们给这些有斑点的长颈动物起的名字是“骆驼豹”（camelopardalis），来源于他们对骆驼和豹子的称呼。

很明显，长颈鹿被认为是这两种动物的杂交体。不同物种的混合是创造怪物最肥沃的土壤之一。

英雄和怪物

用怪物去丰满过往经历的想法在许多文化中都能找到，如过去英雄的伟大事迹，加入面对超自然敌人的元素，就会变得更加辉煌。

《荷马史诗》在被记录成书之前就为人们提供了一个了解古希腊文化的窗口。古希腊时期，王国四分五裂，后来的希腊人相信，他们的祖先英雄（神的后代）经常与怪兽争斗。荷马的《奥德赛》中有几篇描写了足智多谋的奥德修斯战胜各种怪物。奥德修斯是一个善于说谎的人，他用自己的机智故事来取悦大众。在被困入独眼巨人的洞穴后，他刺瞎了巨人的眼睛，然后藏在羊身下成功脱身。在海上漂泊的十年里，奥德修斯因各种怪物和众神的一时兴起而失去了他的所有船员，但是他自己却活了下来。奥德修斯是著名神话故事的英雄，我们是应该为他的成功喝彩呢，还是应该考虑怪物是否真的存在？

赫拉克勒斯（Hercules）和奥德修斯有

▲ 怪兽是中世纪传奇故事中的一个传统主题，英雄骑士为了拯救一位可能与之成亲的美丽公主而打败一只怪兽

很大区别。赫拉克勒斯从来没有遇到过用蛮力和棍棒无法解决的问题。在“不可能完成的试炼”中，赫拉克勒斯必须捕获阿尔忒弥斯（Artemis）的异常敏捷的塞里尼安鹿，杀死巨大的尼米安狮子，偷走狄俄墨得斯的食人马，并杀死九头蛇。在这个神话中，我们看到了各种怪物。

有些怪物，比如尼米安狮子，只是超强版的真实动物。其他的，比如狄俄墨德斯的食人马，超越了一般素食马的正常本性。对于九头蛇来说，除非经过烧灼，否则它会重新长出比以往更多的头。我们在这里看到了真正的神话怪物，一些从未存在过的怪物。

后来的史诗也会用怪物来表现主人公的英雄品质。在盎格鲁-撒克逊诗歌中，与书名同名的贝奥武夫必须一次又一次地面对可怕的生物。他讲述了自己如何在海洋中游过五天五夜，手持利剑打败九只海怪。在这首诗中，贝奥武夫与野蛮的格伦德尔、格伦德尔的母亲还有一条龙展开了战斗。贝奥武夫在打败恶龙时受了致命伤。英雄不可能总是毫发无损地从战斗中逃脱。然而，人们印象最深的却是格伦德尔，一个作为贝奥武夫的敌人的野人，他无法忍受从米德大厅里传来的歌声，因此在夜间发动突袭，屠杀他在里面找到的人。格伦德尔也许是一个最令人难忘的怪物，因为他最像一个人。《贝奥武夫》一书的作者为

◄ 在文字发明之前，怪物就已经是英雄的敌人了。赫拉克勒斯面对过许多像九头蛇一样的怪物

怪物通常是故事主人公（非人类）必须面对的“其他”敌人。

格伦德尔的野蛮行径提供了一个借口：他是第一个杀人凶手该隐的后代。

象征性的野兽

格伦德尔只是民间传说中运用象征性怪物的一个例子。显然，他是要代表所有那些生活在社区之外的人，因为他既不参加礼拜也不参加庆典。然而，怪物的象征价值不仅取决于它们的本性，还取决于定义它们的文化氛围。

在中世纪欧洲的基督教中，最受欢迎的书籍类型之一是动物寓言集。这些大部头书籍经常配有大量插图，向读者展示大自然的奇观异景。其中有一些娱乐性质的生物（比如有些生物通过喷射粪便来保护自己），但大部分插图还是为了表达对应的文化内容。凤凰在许多文化中都为人所知，在欧洲的动物寓言集中，它的浴火重生与耶稣的复活相似。动物寓言集也会把传说和真实的动物联系在一起。鹈鹕是真实存在的，寓言集中的它们，会用自己的血来喂养幼崽，因为血很好地代表了圣餐。

独角兽是许多文化中最受欢迎的动物之一。从古代世界和《圣经》中得知，独角兽在中世纪神话中扮演了关键角色。它们是耶稣的化身，只能被处女驯服，而处女又代表圣母玛利亚。其他文化中的独角兽没有那么神秘，它们被简单地描述成一匹有角的马。马可·波罗以为他遇到过一只独角兽——巨大的、灰色的，有一只黑色的角，喜欢在淤泥中打滚。尽管它看上去一点也不像欧洲神话中高贵的独角兽，但马可·波罗只能通过将它与其所知道的独角兽联系起来，来解释现实中存在的犀牛。

▲ 许多神兽，如独角兽，具有很强的象征意义，并在艺术作品中被用于传达信息

▲ 当许多神话中的动物被派去考验英雄的时候，其他动物，比如飞马，会被派去援助他们

▲ 美人鱼通常是美丽的，但在最古老的传说中，她们将水手引诱到海洋深处淹死

也许龙是流传最广的神兽，在古代的美索不达米亚、《圣经》和中国古代传说中都可以找到被称为龙的动物。

原始印欧传说中一条蛇被一个英雄杀死的情节，在许多神话中都有体现。随着时间的推移，龙的含义随着其物理属性而演变。

在东方，龙常以蛇形身躯出现，但四肢有爪。它们代表着智慧和卓越，中国皇帝将它们作为权力的象征。这些龙与水和变幻莫测的天气密切相关，甚至被认为拥有呼风唤雨的能力。

在西方，古老的蛇变成了有翼的爬行动物，有些能喷火，它们被用来考验骑士的英雄气概。这些龙有囤积黄金、珠宝和绑架少女的习惯。

东方的龙可以传授智慧，而西方的龙只是英雄通往荣耀之路的一步。许多圣人，如圣乔治，通过屠龙来显示他的圣洁地位。圣玛格丽特是为数不多从龙的手中逃脱出来的女人之一。当然，对于她来说，她杀死的不仅仅是一条龙，而是恶魔本身。

地狱中的怪物

圣玛格丽特的形象经常呈现为她出现在一条龙的肚子里，祈祷着逃出龙腹。怪物通常被等同发现不值得获得永生的人的灵魂。

魔王撒旦（the Devil in Hell）和他丑陋的恶魔手下的存在，展示了怪物是如何玩弄上帝的创造物的。通过混合上帝创造出的完美动物而产生的恶魔和地狱般的野兽被认为是对神的侮辱。虽然这些不存在的怪物可能并不在意落在它们身上的骂名，但这种认为畸形人都有邪恶本性的思想可能会给人类带来灾难性的后果。这种错误的思想认为，任何有胎记或残疾的人都可能被视为不虔诚的人。

▲ 怪物可能不仅威胁到你的生命，还能通过折磨来威胁你的来世，就像地狱里的刻耳柏洛斯那样

于恶魔。魔鬼几乎从来没有显示过它们堕落前的美丽形象，而是以怪物的样子出现。当魔鬼以龙的形态出现时，天使长迈克尔将其踩在脚下。基督教文化中，有些魔鬼拥有如牛角、山羊腿或者猪等动物的一些特征。各种生物的混合只是魔鬼的堕落形态之一。

怪物可以代表未知，因为我们很少亲眼看到它们。因此，我们无法直接了解的来世常常与可怕的生物联系在一起。在多神教中，统治死者的黑暗神灵经常被描绘成怪物。

在北欧神话中，海拉（Hel）的外貌展现为半个活生生的女人和半具腐烂尸体的结合体。在埃及人的信仰中，阿佩普有一部分是河马，一部分是鳄鱼，一部分是狮子，它等待着吞噬那些被

自然界中的怪物

神话传说中的怪兽往往在叙事中有相应的意义。还有其他类型的怪物，它们要么被认为是真实存在的，要么是从大自然本身进化而来的。在人类相对无能为力的地方，似乎有一种力量在控制着人类。关于水里和海中怪物的传说能说明这一点。一个水手必须面对这样一个事实，即他们经过的深渊远比他们强大得多。对于那些在岸上未见到亲人归来的人来说，他们必须解释老练的水手是如何从海上消失的。

奥德修斯，我们之前提到过他的海上之旅，那时他就面对了许多海洋怪物。有一次，他不得不驾驶他的船在怪物“锡拉”（Scylla）和“卡律布狄斯”（Charybdis）之间航行。这两个怪物住在被一条狭窄的海峡隔开的岩石上面。想要避开其中一个怪物，就得把船驶入另一个怪物可以触及的范围之内。锡拉被描述为一个没有双腿但有一群恶狗作伴的女人，她十分渴望人肉。而更可怕的是，我们对卡律布狄斯一无所知。奥德修斯被建议航行到离锡拉更近的地方，因为虽然

在古人看来，这个世界上生活着各种各样的野兽。

猎龙者

西方传说中的龙一直是英雄们的宿敌。当赫拉克勒斯受命夺回赫斯帕里得斯的金苹果时，他首先要战胜盘绕在金苹果周围的百头龙拉顿。

龙收集大量财富，这也许是它们成为诱人目标的原因。同时，它们的非人性使其成为民间故事的绝佳素材。因为龙不是人，人们可以心安理得地杀死它们。

在日耳曼神话中，被称为林德沃姆的无翼龙在洞穴里守护着被诅咒的宝藏。在北欧故事《西格德》中，主人公必须从一条名叫法夫尼尔的龙那里取回宝藏。西格德没有直接冲进去和它搏斗，而是挖了一条壕沟，等待龙在头顶飞过，然后将其开膛破肚。

后来的英雄们用武力而不是巧思来对抗龙。基督教理想中的骑士常常需要将少女从龙的魔爪中解救出来。圣乔治是西方艺术中最著名的屠龙者，但他的神话大量借用了珀尔修斯（Perseus）和安德洛美达（Andromeda）的传说，后者比骑士精神的概念早出现了几千年。

▲ 西方传说中的龙一直是勇敢骑士们的宿敌，尤其是当少女需要得到拯救的时候

锡拉可能会从甲板上抓走六个人，但卡律布狄斯会把整艘船砸碎。在后来的神话中，卡律布狄斯代表了一个旋涡，它会吸走粗心的人。

美人鱼是人类和鱼类的混合体，在民间传说中扮演了许多角色。在英国的民间传说中，它们往往是厄运的预兆，会引诱人们走向死亡。

在金色美人鱼和神猴哈奴曼的印度教故事当中，美人鱼起初是不愿帮助别人的，但后来两者的爱情开花结果，美人鱼便帮助了哈奴曼。除了美人鱼之外，我们还发现了海蛇、海怪、马形水怪和许多其他神奇怪物，它们栖息在海洋深处，解释了无数不幸的水手在海上失踪的原因。

虽然有时人们能够将怪物视为自然界某些特定方面的象征，但在缺乏理性解释的情况下，人们只是简单地将怪物视为某种从未见过的生物。在古代人看来，这个世界上居住着各种各样的野兽。希罗多德（Herodotus）被称为历史之父和谎言之父。他研究和描述了世界的方方面面，也包括怪物。据他所说，古希腊人所知之外的土地上到处都是不寻常的生物。他说，在东部的沙漠里，你会发现多毛的巨大蚂蚁，它们在挖巢穴时会发现金矿。有些人认为这是一个关于土拨鼠的模糊描述，土拨鼠确实有时会在挖洞时挖出金子。这是一个怪物如何从遥远之地听到的信息中诞生的例子。希罗多德笔下的野兽也用于填充地图上的未知区域。例如，在利比亚以外的荒野中，他安置了狗头人和胸口长着眼睛的人。即使希罗多德听说了一些他不相信的事情（比如羊腿族和狼人部落），他也总是把它们纳入书中，因为他知道听众会喜欢听这些故事。希罗多德知道，对怪物的渴望是人类天性中永恒的一部分，怪物将是一个永远令我们着迷的主题。

人类为什么制造怪物

> 怪物通常被用来象征邪恶的本性，总是被描绘成丑陋、贪婪和违反自然规律的形象。

怪物将永远与我们同在。任何奇幻小说或电影都逃不过它们的象征意义。我们将始终注视着大自然，想知道还能从中创造出些什么。怪物反映了人类按照自己的形象塑造世界的需要，这就解释了为什么怪物一直作为神话和童话的主题。大灰狼告诉孩子们，世界是一个可怕的地方，一定不要迷路。怪物总以某种方式扭曲事物的自然秩序，从而向人们展示什么是正常的和可接受的。然而，这可能是从过于悲观的角度来看待怪物和其他野兽。也许，传说中的怪物是为了激励我们勇于探索，发现新的奇迹。也许怪物的故事给我们上的最重要的一课不是世界上充满了可怕的东西——我们都知道这一点——而是凭借勇敢和毅力，我们可以战胜它们。

怪物与电影

杰基尔与海德几乎一经问世就风靡世界。基于该故事的舞台改编很快出现，1908年，这个故事还被拍成了美国的第一部恐怖电影。虽然这部电影的备份没有被保存下来，但自此之后，在电影荧幕上，怪物从未缺席。

在默片时代，所有经典恐怖小说都因怪物的存在而被抢购一空。弗兰肯斯坦的怪物、恶魔和吸血鬼很快就以黑白投影的形式走进了观众的视野。作为一种大众娱乐的方式，怪物是一种商品，也是一种社会评论的手段。

怪物电影的真正繁荣始于第二次世界大战及原子弹轰炸之后。人类似乎又一次越界并攫取了一种本不属于他们的力量。作为对其“核傲慢”的惩罚，人类成为原子怪物的目标。

1953年，原子怪物第一次出现在电影《来自两万英寻的野兽》（*The Beast from 20,000 Fathoms*）之中。电影中，野兽被核试验唤醒，并摧毁了城镇。这并不是唯一一只因原子弹而复仇的野兽。1954年，初代《哥斯拉》在日本出现。该片导演塑造了原子弹在广岛和长崎爆炸后对哥斯拉的影响。这只爬行动物的皮肤纹理也是根据爆炸给受害者留下的可怕伤疤设计的。

人类既创造了怪物，又成了怪物。核武器在唤醒哥斯拉的同时，也创造了一些其他的怪物。在1954年的电影《X放射线》（*Them!*）中，因第一次原子试验而变异的蚂蚁变得体型巨大，并开始杀死人类。在如《无尽的世界》和《末日的开始》等其他电影中，人们则看到了因辐射而变异为怪物的蜘蛛和蝗虫。

有时，现代恐怖电影会转向古老的概念来创造怪物。虽然像狮身人面像和拉玛苏这样的杂交生物是借由超自然力量诞生的，但在《变蝇人》中，它诞生自跨越物种界限的科学研究。《变蝇人》讲述了一位科学家打算发明空间传送装置，却发现自己与苍蝇的基因融合在一起的故事。

除了成人的恐怖题材外，儿童文学、电视、电影中也出现了怪物。每个人都有一个从童年起就萦绕在他们梦中的怪物，而孩子们却喜欢听怪物的故事。父母喜欢讲怪物的故事，因为它们可以有效地教育孩子。如果每座桥下都有一个恶魔，就可能会阻止一个孩子与人群走散。如果陌生人有可能将你带到森林里的姜饼屋，你就不会拿他们的糖果。

儿童小说中的怪物也有助于强化群体意识。许多怪物故事的核心是“群体之外的人是很危险的”。对于电影制作人来说，怪物也很有实际作用。小孩子看到人血是绝对不行的，但如果一个怪物被杀了，那么审查员并不介意看到它们的黑色血液四处飞溅。

怪物小说

古代小说中，怪物的出现通常是为了强化社会规范或是为英雄提供成长的机会，而现代小说中怪物的出现则可以凸显人类在面对未知时的无力本性。在霍勒斯·沃波尔的小说《奥特朗托城堡》（*The Castle of Otranto*）中，两个仆人被一只巨脚的出现吓得魂飞魄散。这不是巨蟒剧团（Monty Python）兴起的开始，而是哥特文学的起源。

1764年，《奥特朗托城堡》出版，掀起了人们对哥特式恐怖故事的狂热浪潮。这个故事发生在一个破败的城堡中，城堡里满是幽灵和诅咒，一个巨大的身披盔甲的鬼魂在黑暗的大厅里来回游荡。尽管所有人都已竭尽全力，但鬼魂还是回到了城堡。“就在这时，一声雷鸣把城堡震得摇摇欲坠，大地震动，身后传来了比致命盔甲更沉重的铿锵声。弗雷德里克和杰罗姆以为末日就在眼前。”随着鬼魂摧毁城堡，人们开始思考到底发生了什么，如何与鬼魂战斗，又如何与命运抗争？

弗兰肯斯坦创造的怪物表现出了比神话和民间传说中的许多怪物更为深刻的心理洞察能力。

▲ 像吸血鬼德古拉这样的怪物探究了人类对死亡的恐惧，以及阶级和经济权力的差异

▲《化身博士》的故事将怪物从外部世界带入了我们的内心

1818年，玛丽·雪莱出版的《弗兰肯斯坦》达到了哥特式小说及其怪物形象创作的巅峰。小说中，一个名叫维克多·弗兰肯斯坦的年轻医学生开始执行一项孕育生命的任务，但他违背了自然，并丢掉了一种他无法控制的力量。弗兰肯斯坦创造的怪物是一个有思想、有感情的生物，但同时也具有明显的非自然特征。在被丢进一种他从未要求过的生活之后，怪物开始追杀其冷漠的创造者——弗兰肯斯坦。

> 哥特小说以怪物为核心，影响了现代故事、电影及电视节目的创作。

《弗兰肯斯坦》创作于一个科学已经取得非凡进步的时代，那时人类似乎突破了其应该知道的界限。路易吉·伽伐尼正在用电和青蛙腿进行实验，该实验似乎可以使死肉复活。小说中，维克多·弗兰肯斯坦的实验将属于上帝的创造能力拉到了人类手中。弗兰肯斯坦还将女性的生育能力转移到了男性的身上。因此，按理说他必须受到惩罚。弗兰肯斯坦创造的怪物显示出了比神话和民间传说中的许多怪物更为深刻的心理洞察力。它是 个怪物，因为它超越了自然，但作为人类的造物，它也是人类境况的倒影。不能将它的复仇归咎于原始的无知，因为它是一个会读普鲁塔克、弥尔顿和歌德作品的怪物。这个怪物越是体验到人类对它的排斥，越是厌恶他们。现代怪物的核心问题是：生物和人类到底谁才是真正的怪物。居伊·德·莫泊桑写了一篇名为《奥尔拉》的短篇小说，讲述了一个怪物占据人类灵魂的故事。在这个故事中，一个人被一种灵能生物所征服，这种生物会占有他的灵魂并致使他做出可怕的事。

▼ 弗兰肯斯坦以当时的前沿科学为基础，创造了一个经典的怪物

然而一开始主人公并不知道是一个邪恶的局外人让他犯下了这些罪行。罗伯特·路易斯·史蒂文森在他的《化身博士》（*Strange Case of Dr Jekyll and Mr Hyde*）中创造了一个完全内在化的怪物。医生杰基尔使用血清将自己变成了可怕的海德。但在作者笔下，并非是海德为了反抗杰基尔而作恶，而是杰基尔利用血清来满足其欲念。科学可以被用于作恶，但作恶的意志始终根源于我们的内心。

▲ 荣格认为，社会创造了原型现象，并将其共享。其中，人类的黑暗冲动通常以可怕的图像为象征

人们心中的怪物

媒介可能已经改变，但怪物一直与我们同在。无论是围绕着篝火讲述的怪物故事，还是在巨大的沉浸式电影银幕上讲述的怪物故事，人类的心中总存在着对怪兽的某种渴望。

研究过不同社会之后，人类学家发现了怪物是如何因自然灾害和气候事件而产生的。地震是地球上最可怕的灾害之一。然而，如果没有板块构造的知识，人类将完全无法对其作出解释。难怪在许多文化中，人们认为怪物是导致地震的罪魁祸首。在日本，地震被认为是一种名为“大鲇”（Namazu）的巨型鲇鱼造成的，它的猛烈摆动导致了地球的震动。火山、风暴和龙卷风都可以从恶毒的怪物身上找到解释。

▲ 哥斯拉是日本遭受原子弹袭击后诞生的怪物，是原子弹爆炸所释放出的恐怖的化身

有时现代恐怖电影会用古老的概念来创造怪物。

对于卡尔·荣格来说，人类存在一个共同的潜意识，它可以解释为什么某些图像和主题会一次又一次地出现在世界神话之中。虽然英雄是荣格研究的主要原型之一，但阴影也同样受到他的关注。阴影是一个人想要隐藏的性格的体现。随着文明的发展，人类的低级本能不得不被压制。荣格认为：“每个人都有阴影，它在个人的意识生活中体现得越少，就越黑暗、越浓厚。”通过创造怪物，人类表达了他们必须否认的情感和恐惧。

与心理学作为一门科学的发展相匹配的是我们所谈论的怪物的日益复杂性。早期的怪物只是自然秩序的简单畸变，而现代的怪物则往往投射出我们心中最黑暗的恐惧。2014年，电影《鬼书》中的怪物“巴巴杜”之所以让很多观众久久难忘，就是因为它是抑郁症和精神疾病的化身。

虽然科学已经从地图上驱逐了许多怪物，但似乎只要有人类存在，就会出现黑暗的空间，我们在那里投射恐惧，那里总是潜藏着一些东西。

▲ 荣格认为，像海蛇这样作为原型化身的怪物表现了人类的潜意识，以及人类在潜意识中应对外部世界的方式

不那么可怕的怪物

有一个名叫马克斯的小男孩，当他被母亲称为“野兽”并被要求上床睡觉时，他却乘船去了一个岛屿，岛上满是有着可怕牙齿和骇人爪子的真正野兽。马克斯制服了这些怪物，并成为了它们的国王。但他很快就开始想念亲人并最终回到家中。莫里斯·桑达克的书是让怪物变得友好的形式之一。虽然衣柜里的恶魔是许多孩子噩梦的导火索，但有些故事让它们变得可爱起来。电影《怪兽电力公司》构建了一个从孩子们的尖叫声中产生能量的怪物社会。当它们发现一个孩子的笑声更有力量时，它们重新整理了文化，不再通过吓唬孩子来获得能量。这部电影还告诉孩子们，比起他们害怕怪物，怪物更害怕他们。有时怪物甚至可以被当作宠物和同伴。虽然我们能够在《神奇宝贝》的游戏和动画片中看到生物在激烈的战斗中相互释放能量，但“口袋怪兽”并不是没有思想的野兽。漫画《神奇宝贝》在许多章节都讲述了人类和神奇宝贝学会共存或发展友谊，从而使社会走向和谐的情景。我们告诉孩子们，只要我们把人性延伸到那些与我们不同的物种身上，即使是最可怕的怪物也可以被驯服。

▲ 并非所有的怪物都很可怕——有些怪物的出现是为了告诉孩子，并非所有看起来与人不同的物种都是野兽

龙

四条腿是坏龙，没有腿是好龙？
龙形态的多样化成因是世界各地民间传说的主要内容

作者：威洛 · 温瑟姆

有这样一类童话故事：长着翅膀还会喷火的恶龙不但绑架公主，还大肆破坏人类领土。孩提时代，谁不是一边恐惧，又一边痴迷着这样的故事呢？事实上，这些可怕的野兽生活在洞穴里，它们在那里囤积着不计其数的财富，这才是许多故事的主要内容。

然而，民间传说和信仰中的原始龙实际上是古代近东神话传说中的大型四足蛇。与现代龙不同的是，这些龙没有翅膀，其中包括古埃及神话中16码①长的混沌之神阿佩普②，以及希伯来《圣经》中的利维坦。

从中世纪开始，西方民间传说中出现的龙就变成了今天大多数人所熟知的龙。这些龙有四条腿，喷吐火焰，是一个长着翅膀和角的威严野兽。它们经常制造麻烦，很多故事都是在人屠龙失败并被其吞噬之后，为了打败它而展开的。在

① 码：长度单位，1码约等于0.9144米。——译者注

② 阿佩普：古埃及神话中的神，被认为是破坏、混沌、黑暗的化身，也是太阳神拉的孪生兄弟以及死对头。一般他的形象是一条蛇。——译者注

▲ 在一则俄罗斯童话故事中，玛丽娜公主是一位女巫，她在自己的宫殿里养了一条龙作为宠物

有两条腿的龙被称为双足飞龙，是泰晤士河的传奇守护者。

▲ 近年来，龙的形象因《权力的游戏》等电视剧得到了普及。几个世纪以来，人们对这些喷火野兽的兴趣一直非常浓厚

典型的英国民间传说中，有一个这样的故事：最终被骑士打败的邪恶生物比斯特恩龙，它的身体变成了一座小山，以此作为对恶人的警醒。其他很多龙以藏宝闻名。

斯拉夫龙有多头且会喷火。据一些资料显示，俄罗斯的斯拉夫龙多达12个头。据说它通过吞食太阳而引发日食。根据斯拉夫人的传说，蝰蛇是最危险的蛇，它100岁时就会长出翅膀化身为龙。龙也与控制天气有关，众所周知，它们会引起风暴。有一个故事讲述了一条龙在释放洪流之前用尾巴排干湖水，从而引发洪水的事件。

如何找到一条龙？它捕猎的山和藏匿的森林是最有可能发现它的地方。然而，在水里找到的或许是芭芭雅嘎①（Baba Yaga）之子俄罗斯的丘多尤多（Chudo-Yudo）。由于拥有控制天气的能力，它经常被认为是造成干旱和饥荒的罪魁祸首。

尽管它们总是遭受谴责，但并不是所有的龙都是恶毒的。像蛇一样的四条腿的中国龙与权力和好运有关。在日本，龙以实现愿望而闻名。在保加利亚和塞尔维亚，人们相信龙可以在庄稼生长的过程中保护庄稼，防止潜伏的恶魔的攻击。有两条腿的龙被称为双足飞龙，是泰晤士河的传奇守护者。

① 芭芭雅嘎，又叫雅加婆婆，是斯拉夫文化里一个著名的女巫角色。——译者注

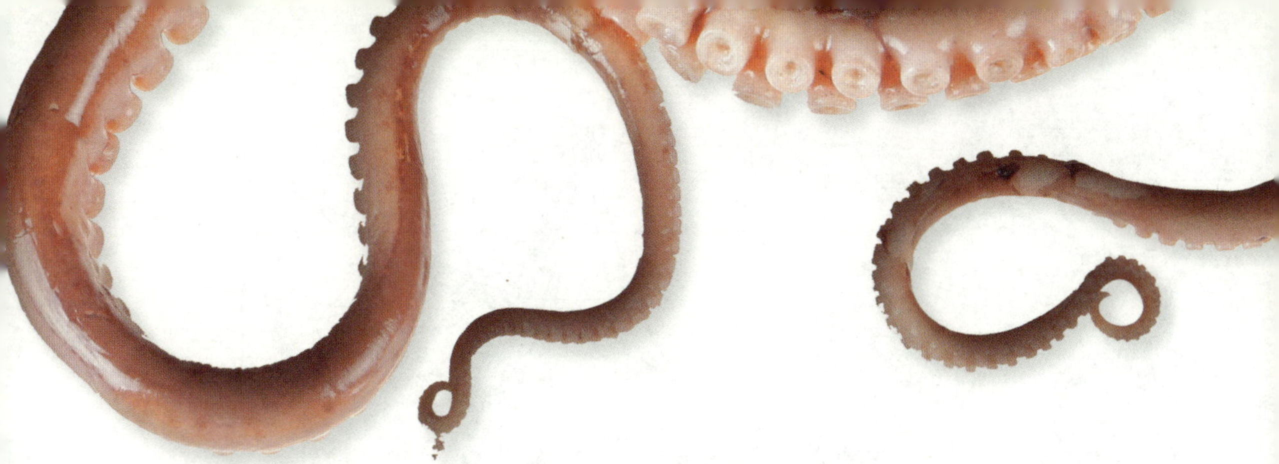

海怪

古时候，我们认为海洋中生活着许多奇异生物

作者：威洛·温瑟姆

在每个文明与海洋接触的地方，都有关于隐藏在海浪下的大型神秘生物的民间传说。它们的大小难以捉摸，往往充满敌意或拥有暴力潜质，反映了人类最大的恐惧和好奇之一：海洋的不可预测性。这些深海生物会造成破坏和混乱，淹死成百上千的水手或者不费吹灰之力就吞下整艘船。

这样的怪物并非现代发明，自远古以来就有记录了。公元前8世纪《荷马史诗》中的英雄奥德修斯遇到了“锡拉”（一种六头海怪）和“卡律布狄斯”（一种吞没船只的旋涡），他被迫在穿越墨西拿海峡时面对其中一只怪物。

克拉肯（Kraken）是另一个为人所熟知的名字，在格陵兰岛和挪威附近的海域流传着相关

▶ 鲸鱼和巨型鱿鱼的庞大体型意味着它们很容易在民间传说中被描绘成怪物

▲ 关于可怕的野兽潜伏在海浪下的故事，解释了诸如生命消失、海难和自然灾害等未知事件

这些深海生物会造成破坏和混乱。

故事，是民间传说中最大的海怪之一。随着时间的推移，对这种怪物的描述也发生了变化。最初，克拉肯更接近于一种类似鲸鱼的生物，从18世纪开始，克拉肯越来越被比作我们今天认识的许多鱿鱼状生物。埃里克·庞托皮丹是第一个描述它有触手的人。

在斯堪的纳维亚神话中，北欧巨蛇耶梦加得（Midgard Serpent）作为雷神索尔的敌人而闻名。它环绕着世界，当它摆动尾巴时，世界的毁灭和重生便将开始。

能带来繁荣而不是毁灭的海怪是不太常见的。特林吉特人的传说中有一个半狼半鲸的怪物——古纳克德特。在这个故事的一些版本中，它帮助了阿拉斯加一个村庄里的饥饿者。据说这个生物实际上是一个转变成怪物形态的人。

对于历史上许多海怪目击事件，存在着几种更为现实的解释。台风、飓风和其他自然现象可能在创造怪物造成破坏的事件中发挥了作用。恐龙时代的遗留物如蛇颈龙或短尾龙的后代，也可能引发海怪目击事件。怀疑论者说，事件的产生也可能是由于对水面上的海带、鱿鱼和鲸鱼的误认。然而这些并没有降低人们对这些深海怪物的热情。在小说中，《白鲸》中的白鲸也许是最有名的海怪之一，洛夫克拉夫特的小说《克苏鲁神话》直到如今还在激发人们的想象力。

▲ 许多海洋"怪物"的产生，很可能是由人们对现有海洋生物的错误识别造成的

北欧的许多神，如奥丁和洛基，被认为是伊塞尔万神殿的成员，也都是巨人的后裔。

▲ 巨人通常被描绘成野蛮且原始的形象，但他们往往十分富有

巨人

在各种文化的民间传说中，巨人往往是凶猛的甚至是吃人的敌人

作者：威洛·温瑟姆

▲《杰克和魔豆》是现今最著名的巨人故事之一，它的第一个改编版出现在1734年

世界各地的民间传说和寓言中，巨人拥有着远远超过任何凡人所能期望的力量。在童话故事中，尤其是在更现代的改编作品中，巨人常常被描绘成智力低下的人：他们庞大且笨重的身体特性反映在他们的智商上。然而，巨人的强壮弥补了百倍的智商差距，且他们并不总是容易上当受骗。

巨人经常与不同文化的众神发生争执，其名字源于希腊神话中的“巨人”（Gigantes），而“巨人”一词最早在1297年进入英语之中。

巨人往往与地理风景相关。波罗的海传说讲述了立陶宛纳林加的诞生之由：一个美丽的女巨人拒绝了一条追求她的龙并撒下一把沙子让它远离，从而创造了纳林加半岛。在希腊神话中，埋在地球深处的巨人被认为是造成火山爆发和地震的罪魁祸首。岩石块或大型陨石坑通常被认为是巨人向人类投掷巨石或巨人彼此之间投掷巨石所造成的。苏格兰的贝纳蒂山据说是一个沉睡的巨人，其他还有北爱尔兰的莫恩山脉和奥克尼的“霍伊的老人”（Old Man of Hoy）等。

根据北欧神话，世界的存在归功于伊米尔，他是有史以来最大的巨人之一。人们认为，世界本身是由他被杀后肢解的肉体构成的。

与民间传说中大型巨人不同的是北欧的约特纳（jötnar）。他们往往是拥有人类身材的小型巨人，或美艳或丑陋，但都非常强壮。jötnar（单数，jotunn）这个词与古英语中的“eoten”有关，可能起源于食人者（maneater）或贪吃者（glutton）。他们包括火巨人、山巨人和霜巨人。这些生物是在九界之一的约顿海姆（Jötunheimr）中发现的。约特纳不以人肉为食，而是以水域中的鱼和在森林或山野中游荡的动物为食。约特纳的故事是北欧神话传说《拉格纳罗克》（*Ragnarok*）中的一部分。

▲ 在古希腊神话中，国王利卡昂因质疑宙斯是否无所不知而被愤怒的宙斯变成了一只狼

狼人

狼人是最古老的怪物之一，
它的历史至少可以追溯到古希腊神话

人变狼的故事历史久远。罗马作家维吉尔（Virgil）、老普林尼（Pliny the Elder）和奥维德（Ovid）都在他们的作品中提到了狼人。希腊希罗多德同样记录了一个部落每年从人转变为狼的细节——他们的转变会持续几天。

狼人的典型标志是弯曲的指甲、中央凸起的额头及喜食新鲜尸体。有几种方法可以让人变成狼人，其中最著名的方法是在满月的时候被另一个狼人咬伤。背诵某些咒语，在系上狼皮腰带前脱光衣服，被诅咒，喝狼人脚印中的雨水，等等，也可能使人转变为狼人。

在整个16世纪和17世纪，对狼人嫌疑犯的审判不像审判女巫那样广为人知，但也在欧洲进行。那些被指控是狼人的人面临控告，在某些情况下还会被定罪。一些命运多舛的嫌疑犯被判处无期徒刑。热沃当怪兽[1]对狼人传说产生了深远影响。1764年，这种生物开始其长达三年的恐

▲ 狼人是许多文化的共同主题，在欧洲文化中更是如此

① 传说中法国热沃当地区专吃人的狼形怪兽。——译者注

▲ 现代狼人在很大程度上得益于他们在印刷品和银幕上的描绘。《伦敦狼人》是第一部主流狼人电影，拍摄于1935年

怖统治，造成的尸体数量超过80具。最终人类用银弹杀死这头野兽，因此有了银弹对狼人致命的观点。

考虑到狼人的凶残性，人们惊讶于并非所有狼人都是嗜血的。据传，爱尔兰的法奥拉德（Faoladh）是一名狼人，他十分仁慈，以保护他人而出名。苏格兰设得兰群岛（Shetland）的沃尔弗（wulver）是另一种温和的变形人。他们拥有狼头人身，有自己的社交圈子，同时也很高兴与正常人类交谈，并且以帮助那些迷路的人或把刚钓到的鱼留给穷人而闻名。狼人是可逆的，有着不同严苛程度的治疗方法。驱魔是一种流行的方式，就像狼毒乌头①的解毒剂一样，或者用指甲刺穿病人的手。在德国的一些地区，称呼狼人名字三次就足以治好他；而在丹麦，只需好好训斥狼人即可。

事实上，有很多人试图用现实现象解释狼人传说。“变狼狂”（lycanthropy）的故事被解释为患有卟啉症或狂犬病，或者简单地说是患有群体性癔症。

① 狼毒乌头是一种植物，据说，古代人将它的汁液涂在箭尖上，可以杀死狼。——编者注

亡灵

在世界各地的一些文化中，幽灵、僵尸和鬼魂被认为是死后的流浪者

作者：威洛 · 温瑟姆

某些地区的人们相信人死后灵魂会继续存在，这就产生了一种漫长持久的信念，即死者可以以各种形式返回世间与生者互动。不管它们是通过自己的力量，还是为了完成未竟的事业，或是受他人之命回归，这些不安分的不灭生物以及如何对付它们几乎是所有宗教和民间传说中的主题。

无形的鬼魂经常将信息或训诫带给活着的人。一些鬼魂对遇到它们的人说话，而另一些鬼魂则沉默不语。有些鬼魂从一开始就能被他人所察觉；而另一些鬼魂却沉寂着，直到一些迹象暴露了它们的存在，比如没有脚印，或者消失在稀薄的空气中。有些鬼魂是温和无害的，而另一些则是邪恶的。通常情况下，鬼魂会回来继续他们生前未完成的事情。人们相信死后爱情依旧存在，所以在许多传说中，有死后回到爱人身边的鬼或魂魄。许多著名的鬼魂，如幽灵修女、命运多舛的君主、幽灵军队等，都与特定的地点有关。

幽灵，来自法语的“归来”，倾向于描述一具死而复生的尸体，通常是为了折磨活着的人而故意从死亡中复活。北欧神话中有“复生者”或尸鬼（aptgangr）。僵尸起源于海地民间传说，是一具复活的尸体，由博科人或女巫控制，它们没有自己的意志。虽然流行文化经常把僵尸和伏都教（voodoo）联系起来，但是

有些传说以无形的鬼魂为特征，而另一些则以复活的尸体为特征。两者都同样可怕。

▲ 通过亡灵巫术复活死者可能是一项有利可图但又存在风险的业务；人们通过立法来阻止这种做法

该宗教并没有包含它们。僵尸也能以无形的形式存在，如果它们被抓到并塞进瓶子里，它们的灵魂甚至可以卖出一些钱来。1819年，诗人罗伯特·索西（Robert Southey）在《巴西历史》（*History of Brazil*）中首次在英语中使用了“僵尸”（zombie）一词。

北欧尸鬼是住在坟墓里的可怕生物。它们拥有巨大的力量，可以随意改变大小，守护着与它们一起埋葬的宝藏。它们有极强的报复心且十分恶毒，不仅追捕那些做错事的人，还暴力攻击那些经过它们地盘的人。

食尸鬼是阿拉伯民间传说中的墓地恶魔，好食人肉。在某些情况下，食尸鬼以它刚吃掉的人的形式出现。在其他情况下，它们伪装成美丽女子，诱惑受害者进入荒地，然后将其吃掉。

▲ 有许多人认为，人死后灵魂或魂魄继续存在

▲ 海地僵尸是现在非常流行的幽灵的起源，它们从死亡中复活，蹂躏摧残活着的人

▼ 如今，吸血鬼常常被描绘成富有魅力的形象

吸血鬼

吸血鬼嗜血狡猾，是一种不死生物

作者：威洛·温瑟姆

以同类的血液或生命精华为食的生物在几千年的神话和传说中都有其特色。然而，正如许多民间传说中的怪物一样，我们今天所知道的苍白皮肤、神秘莫测、偶尔充满同情心的吸血鬼已经远离了其民俗根源。

最初的吸血鬼其实根本不是吸血鬼。早在公元前4000年，复仇的巴比伦人伊迪姆就被记录下来了：最近死去的灵魂耗尽了那些留下来的人的生命。

这是世界上许多地方的普遍信仰。现代民间传说中的吸血鬼直到17世纪末才被记录在案。1672年，在克罗地亚的克林加，人们认为朱尔·甘多复活并恐吓他的邻居，引起了大规模恐慌。他的行为包括宣告死亡和嗜血。当他16年前死去但保存完好的尸体被挖出时，他被斩首后安葬。类似的恐慌发生在整个18世纪的欧洲大陆，1734年“吸血鬼”一词首次在英语中出现。

传统吸血鬼有几个共同的特征：臃肿的身体，红润的肤色，拥有变形能力，厌恶圣地或神圣物品，以及猎杀活人。成为吸血鬼可能是由吸血鬼咬伤引起的；而在斯拉夫的民间传说中，被动物跳过的尸体，都容易加入不死族吸血鬼的行列。

最常见的两种杀死吸血鬼并阻止它再次复活的方法是斩首，或者用橡树、白杨树或白蜡树做成的木桩将其钉死。人们也可以通过倒埋死人来

▲ 人们通常认为吸血鬼能够变成蝙蝠或其他动物

▲ 瓦拉几亚（Wallachian）统治者弗拉德·泰普斯（Vlad Tepes）的暴力行径据说激发了布莱姆·斯托克（Bram Stoker）的创作，但实际上他可能只是借用了这个名字

防止其变为吸血鬼。人们普遍认为，吸血鬼在阳光下只是被削弱了力量而不是被杀死，并且许多历史上的吸血鬼既有影子也有镜像。尖牙是现代作品中新增加的。与早期传统有关的是，在19世纪晚期的新英格兰吸血鬼恐慌中，肺结核导致的死亡被归咎于吸走家人生命的死者。

1819年，约翰·波利多里（John Polidori）在《吸血鬼》（*The Vampyre*）中把吸血鬼的现代观念带入西方传说中，接着是斯托克的《德古拉》（*Dracula*），这两部作品为我们今天仍痴迷于吸血鬼文化铺平了道路。

你害怕引起吸血鬼的注意吗？只需确保把沙子或罂粟籽撒在附近——吸血鬼将不得不清点撒在地上的每一粒谷物或种子，此举可护你安然无虞！

杂交生物

远古世界，将普通动物奇妙地杂交到一起，进而创造出了许多神奇生物

作者：威洛·温瑟姆

几个世纪以来，那些由人类或动物的身体特征组合而成的杂交生物一直是民间传说故事的常客。这类杂交生物性情可怕，长相骇人，往往是英雄为了在自己的探险或旅程中取得成功而杀死的任务对象。

波斯传说中的人头狮身蝎尾兽（manticores）是人和动物的混合体，是一种有人头、狮子身体、尾巴上布满毒刺的生物，它会向那些它认为有威胁的人喷射毒刺。公元前4世纪，这种被誉为“食人者”的生物通过希腊医生克特西亚斯（Ctesias）对印度的描述传入欧洲民间传说。尽管克特西亚斯对它们存在的真实性持怀疑态度，但其他人包括老普林尼都对此深信不疑。据说人头狮身蝎尾兽是无敌的，甚至可以吞食最大的生物，连骨头都不剩下。

另一种半人半兽的生物是半人马，它有人的上身和马的下身。古希腊的许多作家都提到过半人马，而且它也出现在罗马神话和中世纪的动物寓言中。早期的半人马神话起源于一个不骑马的社群在看到骑马之人后的误解。

其他组合包括人羊混合体，如农牧神或可怕的坎卜斯（Krampus），人鱼混合体、人蛇混合体以及印度教神毗湿奴的化身——人龟混合体库玛（Kurma）。

也有人的下半身和动物的上半身或头部混合的情况。其中包括许多埃及神，如豺狼头的阿努比斯（Anubis）和长着粪甲虫头的赫弗（Kheph）。美人鱼通常被认为是拥有人类的头部和身体以及鱼的尾巴的混合生物。

有些混合生物根本没有人类的部分，而是不同动物身体部分的合成物。古希腊神话中的奇美拉（chimera）最早记录于荷马的《伊利亚特》中，它被描述为狮头羊身的形象。为了让这个组合更为恐怖完整，它通常有一条蛇尾。与一些混

▼ 喀戎（Chiron）是一头智慧温顺的半人马，与其他兄弟不同

▼ 半人半鸟的鹰身女怪被奥维德生动地命名为“人形秃鹫”，在整个古代都以丑陋而闻名

传说中的混血儿往往性情可怕，样子也很恐怖。

合体不同的是，奇美拉被普遍认为是女性，据说她的出现预示着灾难。这头会喷火的怪物最终被英雄贝勒罗芬（Bellerophon）打败了。

鸡身蛇尾怪是一种长着鸡头的龙形生物，来自12世纪的传说。它特别致命，能通过触摸或仅仅凝视他人而取其性命。它对自己同样致命，看到自身的倒影可能会导致其死亡。

普通的长颈鹿被认为是一种杂交动物。它的另一个名字“骆驼豹”，表明了人们认为它是骆驼和豹子的结合体。

▲ 古希腊神话中充斥着混血怪兽，通常是神和泰坦（titans）的后代

▼ 在传统的寓言神话中，独角兽只能被处女收服。它会靠近并把头放在她的膝盖上

独角兽

如今，闪闪发光的彩虹独角兽无处不在……

作者：威洛 · 温瑟姆

有一个流传甚广的传说：独角兽是一种威严的、白色的、拥有金角的美丽生物。然而，历史记载中出现的独角兽却是一种与前面描述完全不同的动物。公元前398年，希腊医生克特西亚斯描述印度时提到了一种野驴，它有白色的身体，红色的头和深蓝色的眼睛。它额头上的角底部是白色的，中间是黑色的，尖端是深红色的。

小普林尼（Pliny the Younger）和朱利叶斯 · 恺撒（Julius Caesar）等著名人物都曾提到独角兽，有人认为早期关于独角兽的记载实际上是印度犀牛。独角兽也出现在2世纪的动物寓言集《生理学》（*Physiologus*）中，它只能被处女收服的流行观念便起源于此。独角兽很快和纯洁关联起来。在整个中世纪，独角兽成为欧洲民间传说中纯洁和美德的象征。同时，传说中独角兽的角一直被认为具有神奇的特性。人们认为用独角兽的角喝酒可以预防癫痫，而且，粉末状的

▲ 独角兽在中世纪常常被描绘成更小的、山羊般的动物

如今，独角兽是幻想和稀有的象征，它可以被用来描述一切，包括难以企及的恋人和高价值的初创公司。

▲ 雄伟的独角兽是一种美丽神奇的动物：人们梦寐以求的角据说可以抵御伤害和疾病

▲ 尽管许多人试图捕获和驯服独角兽，但人们相信，这一重大任务只能由拥有纯净之心和纯洁之身的人来完成

角可以防止危险的毒物接近。因此，在过去的岁月里，独角兽的角可以卖到一大笔钱，尽管这些备受追捧的角实际上是独角鲸的牙。

独角兽是基督教中的一个流行主题，它们被描述为一种强壮、凶猛的野兽，在詹姆士国王的《圣经》中以不同的方式代表魔鬼或基督。从莎士比亚的戏剧到埃德蒙·斯宾塞（Edmund Spenser）的名诗《仙后》（*The Faerie Queene*），独角兽都是16世纪文学的主题。独角兽吸引了大众的想象力，以至于独角兽纹章也是苏格兰的象征，至今仍是如此。这种生物还出现在16世纪和17世纪的挂毯上，例如两个著名的挂毯系列——《带独角兽的女士》和《猎杀独角兽》。

丹麦的王座位于哥本哈根的罗森博格城堡，根据传说，它是由独角兽的角制成的。尽管这个想法很有意思，但实际上，王座是由较普通的挪威独角鲸的牙制成的。

美人鱼

从诱人的海妖、迪士尼公主到闪闪发光的以海为灵感的妆容和发型，几个世纪以来，美人鱼的美丽一直吸引着我们

作者：威洛·温瑟姆

民间传说中最吸引人的生物之一是半人半鱼的美人鱼。人们常常这样描绘她：优雅地栖息在岩石上，迷人的尾巴悠闲地拍打着水面，她梳着金色的头发。美人鱼的故事在世界各地很常见，在亚洲、非洲和欧洲等地的民间传说中都有。然而，这些美人鱼看起来与我们对这些生物的现代观念截然不同。

有记录以来最早的美人鱼是阿塔加蒂斯（Atargatis）女神。她爱上了一个凡人并发现自己怀有身孕。阿塔加蒂斯感到羞愧和内疚，于是跳海自杀了。然而，伤心欲绝的女神变成了美人鱼：下半身变成了鱼，上半身仍然保持着原来的样子。

美人鱼的负面新闻较多，并被认为是引起风暴、海难及水手溺亡等海上悲剧的罪魁祸首。巴西的拉拉（Lara）以引诱水手前往她的海底宫殿和水中坟墓而闻名。古希腊传说中，亚历山大大

▲ 美人鱼常被描绘成诱惑者

美人鱼会传授技能或传递秘密给善良之人。

帝的妹妹塞萨洛尼克（Thessalonike）就是条美人鱼。当她问水手们她哥哥是否还活着时，所有回答错误的船只都被盛怒之下的她打翻，无一幸免。

然而，美人鱼有时候也是仁慈的，甚至会主动帮助遇到的人类。有故事说，美人鱼会传授技能或将秘密传递给善良之人。美人鱼与人类幽会的桥段也很常见。美人鱼泽诺（Zennor）爱上了教堂里的一个年轻人，他们对唱歌的热爱和美妙的嗓音让两人互生情愫。在这个故事中，两个人都消失了，因为美人鱼把她的心爱之人带回了水中。

1493年，克里斯托弗·哥伦布（Christopher Columbus）在航程中发现了美人鱼，但他对这些美人鱼却不以为然，因为他觉得这些美人鱼没有他想象中的那般美丽。事实上，人们很可能把美人鱼这种神话传说中的异国生物和更普通的海牛或儒艮混淆了。

童话故事中最著名的美人鱼无疑是安徒生的《小美人鱼》（*The Little Mermaid*），对凡人的爱使她堕落，但她因无私的牺牲而得到了救赎。

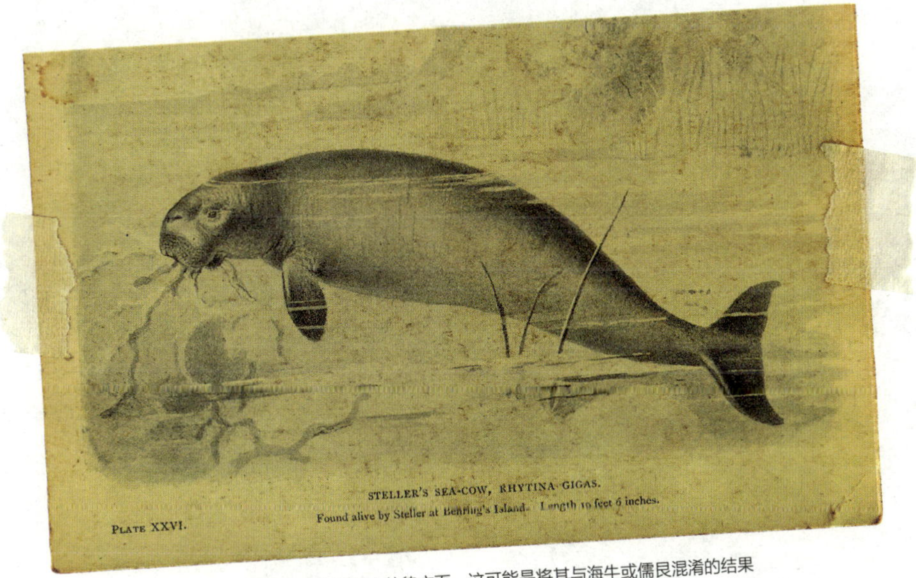

▲ “美人鱼”并不总是名副其实，尤其是在外貌方面。这可能是将其与海牛或儒艮混淆的结果

古希腊的怪物

怪物与凡人

古希腊文化赋予这个世界如此多的神秘生物。
从泰坦和骗子到可怕的杂交生物和贪婪的食人者，
你敢从这些传说中的怪兽之间经过吗？

作者：查尔斯·金杰

当你冒险深入山谷时，被呼啸的风磨成碎片的石头在你的脚下嘎吱作响，森林覆盖的山坡在道路的两旁若隐若现。太阳，无情地折磨着你，催促你赶紧回家，而你的家就在不远的地方。一块岩石突然从你身旁干涸的河岸上滑落，紧接着是另一块岩石。抬头望去，只能看到山上树木的轮廓。但那时你只是一个凡人，你的眼睛不会注意到捕食者正在观察你的一举一动，你的鼻子闻

不到周围环境中腐烂肉体的气味。即使你知道有什么东西在跟踪你，但也无能为力。你已经走进了一个比你想象中更致命、更强大的生物的巢穴。欢迎来到泰坦的世界。

假设你真的进入了泰坦的世界，在接下来的内容中，你将遇到著名的野兽，如帕伽索斯（Pegasus）、弥诺陶洛斯（Minotaur）和美杜莎（Medusa）。这些传说中的生物在古希腊神话中占据很高地位。

人头狮身蝎尾兽

与阿兹·达哈卡（波斯神话中的一种生物）外观相似，人头狮身蝎尾兽无疑是古老历史中最可怕的怪物之一。它长着一颗男人的头，留有胡须，还有着狮子的身体和蝎子的尾巴（带有能自动再生、令人麻痹的倒刺）。这只可怕的混合型生物躲在长长的草丛中，为了引诱猎物靠近自己，它只露出看似温和的人头。毫无戒心的受害者在靠近时就会被扑倒并撕成碎片。

人头狮身蝎尾兽有着难以穿透的兽皮、一排排匕首般的牙齿、凶猛的爪子，以及能够超越任何敌人（根据大多数资料显示，大象除外）的速度和力量。遇到一只人头狮身蝎尾兽就等于被宣判死刑，在波斯和古希腊，失踪人员经常被认为是被它们杀害。只有在人头狮身蝎尾兽幼小的时候找到它，踩它的尾巴（从而阻碍其致命武器的生长），人们才有希望对抗这种强大凶猛的怪物。

人们对这种生物的存在深信不疑，以至于老普林尼将它与我们今天已知确实存在的动物一起列入了《自然史》（*Naturalis Historia*）。甚至有一位为波斯国王亚达薛西二世（Artaxerxes II）服务的古希腊医生克特西亚斯提及，波斯统治者被赠予了一只人头狮身蝎尾兽，然而令人遗憾的是，这位国王对他的新宠物的看法并未被提及。老普林尼和其他动物寓言于中世纪在欧洲传播了人头狮身蝎尾兽的名字，激发了人们对它的不同描述（有人说，人头狮身蝎尾兽长有翅膀），并导致人头狮身蝎尾兽出现在但丁的《神曲》等受人尊敬的作品之中。从更为科学的层面来说，人头狮身蝎尾兽很可能是对里海虎①的创造性描述。

九头蛇海德拉

这条多头蛇是堤丰（Typhon）和厄客德娜（Echidna）之子，潜伏在希腊伯罗奔尼撒（Peloponnese）地区勒拿湖旁的一个洞穴当中。海德拉被养大的唯一目的是杀死在第二次试炼中对抗它的赫拉克勒斯，它非常适合这个角色。

据说海德拉有9到50个头（取决于来源），对海德拉最早的描绘可以追溯到公元前700年前后的一对青铜胸针。根据欧里庇得斯（Euripidēs，生活在公元前480年至前406年的传奇希腊剧作家）的说法，每当海德拉被砍下一个头，就会从伤口中长出两个头来，这使得这个怪物几乎不可能被击败。不幸的是，对于这只多头巨兽来说，它注定要与半神对战。

找到海德拉后，赫拉克勒斯开始奋战，无情地挥砍，但随着海德拉重新长出脑袋，他遭到了越来越多的撕咬。幸运的是，宙斯的儿子、他聪慧的侄子伊奥劳斯（Iolaus）在场提供帮助。伊奥劳斯手中拿着火炬，开始烧灼赫拉克勒斯用剑割断的颈部，防止新的头颅冒出。惊慌失措的赫

---

① 里海虎：虎的第三大亚种，体型仅次于西伯利亚虎和孟加拉虎。又名新疆虎（中国称呼）、波斯虎、高加索虎、图兰虎、西亚虎、中亚虎。——译者注

▲ 当可怕的锡拉抢走并吞食奥德修斯的船员时，卡律布狄斯正试图击沉他们的船

拉（Hera，一位一直试图让赫拉克勒斯的试炼变得更加无法实现的女神）派了一只巨蟹来帮助海德拉攻击赫拉克勒斯，结果它被赫拉克勒斯踩扁了。最终，海德拉只剩了那颗砍不掉的头，赫拉克勒斯挥舞着雅典娜送给他的一把金剑，给了海德拉致命一击。然后，他将那颗坚不可摧的头颅埋在地下，在上面压了一块沉重的石头，并将他的箭浸在死去怪物的毒血之中，于是他的箭有了致命效果。

最终，海德拉在死后完成了对赫拉克勒斯的报复。在旅程中的某个时刻，赫拉克勒斯和他的妻子得伊阿尼拉（Deianeira）需要渡过一条湍急的河流。幸运的是，强壮的半人马涅索斯（Nessus）主动向他们提供帮助，将得伊阿尼拉带过了河，此时的赫拉克勒斯则在他们身后艰难前行。然而，涅索斯是别有用心的。当他将得伊阿尼拉放回陆地上的那一刻，他试图与她发生性关系。赫拉克勒斯自然怒发冲冠，用一支浸过九头蛇血液的箭射中了涅索斯。

当涅索斯因为失血过多将要死亡时，他欺骗了得伊阿尼拉，他说，当赫拉克勒斯的眼睛飘忽不定时，自己的血可以用作爱情药水来赢回赫拉克勒斯的心。难以置信的是，得伊阿尼拉就这样轻信了他，真的收集了一些他的血。后来，当她相信赫拉克勒斯有了情人之后，她在羊毛衣上涂了涅索斯的血，希望能守住她丈夫的心。然而，当赫拉克勒斯穿上羊毛衣时，他痛苦不堪，九头蛇的血从里到外灼烧着他。为了逃避痛苦，赫拉克勒斯不得不建造了一个火葬柴堆并自焚而死。

刻耳柏洛斯

永远被囚禁在冥界，意味着一个被判有罪的灵魂有很多时间可以用来策划逃跑。但在地狱的黑暗通道中找到出路是一回事，而避开守卫地狱之界入口的巨犬则是另一回事。

根据古希腊神话，在活人世间和地下冥界之间，矗立着一只三头猎犬——刻耳柏洛斯（Cerberus），它的任务是阻止死人逃离冥界，以及阻止活人进入冥界。这只三头猎犬体型巨大，背上长着蛇。它毫不留情，但两次被打败。

传说中，为了将妻子从冥界解救出来，大名鼎鼎的音乐家兼诗人俄耳甫斯（Orpheus）用他的竖琴弹奏，迷惑了看守地狱大门的流着口水的猎犬刻耳柏洛斯（据说他的技巧非常高超，甚至能用音乐移动石头）。俄耳甫斯从它身边溜过，成功说服冥王哈迪斯（Hades）放了他的妻子。哈迪斯对他们的唯一要求是在离开时不许转身，但对此他并未理会。俄耳甫斯不可避免地违背了这一要求，这使得他的妻子重新回到了冥界。

另一个与刻耳柏洛斯较量的人是赫拉克勒斯，他在第12次也是最后一次试炼中，制服了刻耳柏洛斯，把它拖到了人间。他的试炼就此完成。之后，他把地狱犬送回了它那幽深黑暗的家——冥界入口。

锡拉和卡律布狄斯

在墨西拿海峡的两岸，锡拉和卡律布狄斯袭击了许多难逃厄运的水手。传说中锡拉有12只脚和6个头，每个头都位于长长的蛇形脖子的末端。它的六张嘴全部有三排牙齿，非常适合从过往船只的甲板上咬走水手。如果这些特征还不够可怕的话，据说它的腰部还长着几条贪婪恶狗的头。

乍一看，卡律布狄斯并没有那么可怕，它是潜伏在锡拉对岸无花果树下的一个旋涡。但任何古代水手都知道，旋涡可能就是用水筑成的坟墓。

卡律布狄斯每天三次吞吐海峡的海水，淹死了无数水手。它有一次把著名英雄奥德修斯的木筏卷入了海底。幸运的是，奥德修斯抓住了一根树枝，等到了他的船并回到了水面。

百臂巨人

百臂巨人是乌拉诺斯（Ouranos）和盖亚（Gaia）的三个孩子，他们兄弟三人帮助宙斯改变了宇宙的命运。

他们出生时有100只胳膊和50个头，宠爱他们的母亲给他们取名为“充满活力的布里阿柔斯（Briareus）”、“激情热烈的科塔斯Cottus）”和“四肢壮硕的吉斯（Gyes）”。但是巨人们的父亲无法接受拥有如此可怕的后代，试图将他们强行塞回盖亚的子宫。盖亚痛苦地扭动着身体，恳求乌拉诺斯停下，最终他

▲ 在百臂巨人布里阿柔斯的帮助下，宙斯用塔尔塔洛斯（Tartarus）的独眼巨人锻造的武器击败了泰坦

根据希腊神话，在活人之地和地下冥界之间，矗立着地狱看门犬刻耳柏洛斯。

们没能被乌拉诺斯塞回出生的地方，但即便如此，他们仍旧难逃厄运。乌拉诺斯对妻子的乞求充耳不闻，把他的孩子们扔进了塔尔塔洛斯（Tartarus）的深渊。

由于无法协调地移动肢体，也无法控制自己的怒火，兄弟三人被囚禁起来，直到他们的兄弟克罗诺斯（Kronos）出面叫停。克罗诺斯拿到了打开深渊大门的钥匙，解放了巨人们。但他并没有意识到他释放了什么。在看到三个笨重的巨人怒发冲冠地从黑暗中冲出来时，他惊呆了，因为他过去只听到过他们哀求的声音。克罗诺斯把他们又送回监狱，再一次锁上了大门。多头兄弟喊道："背叛！我们被背叛了！"

面对泰坦们对霸权的挑战，宙斯需要所有他能得到的盟友的帮助。走到深渊旁边，他对里面的三兄弟说："证明你们的价值，然后我就放了你们。"他的提议使三兄弟感激万分，激动不已，他们花了许多天才掌握了控制肢体的能力。兄弟三人接受了宙斯的挑战，每个人都发挥了自己的作用。科塔斯与守卫塔尔塔洛斯大门的龙搏斗；吉斯从深渊的入口向奥林匹斯山（Mount Olympus）的山顶投掷了一块巨石；布里阿柔斯发现了生活在深渊里的独眼巨人，并帮助他们锻造对抗泰坦所需的武器。

宙斯被这三兄弟的能力所打动，如约释放了他们，他们则反过来帮助宙斯赢得了争夺宇宙统治权的斗争。科塔斯和吉斯将成为塔尔塔洛斯的新守卫，而布里阿柔斯将在波塞冬（Poseidon）试图推翻宙斯时，再次帮助宙斯。

▲ 人们认为可怕的地狱看门犬刻耳柏洛斯的名字可能起源于希腊语“creoboros”，意思是“吞噬肉体”

▲ 第一个半人马赛特乌斯（Centaurus），是第一个将恒星组合成星座并教会其他人如何识别星座的人

半人马

受到众神诅咒，一生下来就是扭曲的可憎之物，这些混血无秩序者既邪恶又聪明

作者：查尔斯·金杰

希腊神话中，在森林和荒野中潜行的生物天性不可预测，喜怒无常，他们能够灵光一闪，想出锦囊妙计，但也会突然暴跳如雷。然而，可以说没有任何传说中的野兽能够像半人马那样，集狡猾与善良于一体。

人们认为，当米诺斯人（Minoans，一个在克里特岛和其他爱琴海岛屿上建立了文明的民族）发现游牧骑手时，半人马的传说首次传播开来。米诺斯人惊讶于人和马的步调如此一致，误以为骑着马的人是一种生物。

这些肌肉发达的野兽拥有马的腿和下半身，以及男人的上半身（女性半人马，被称为“centaurides”，非常罕见），希腊人普遍认为他们是制造混乱和屠杀的野蛮人。据说，第一个半人马是拉庇泰（Lapiths）国王伊克西翁（Ixion）和涅斐勒（Nephele）的后代，拉庇泰人是一支传说中居住在色萨利（Thessaly）和皮立翁（Pelion）山一带的民族。涅斐勒是宙斯以赫拉的身形投下的一朵云，用来引诱伊克西翁。当好色的君主没能克制住自己的欲望，与他误认为是宙斯配偶的幻影发生了关系时，强大的众神之王惩罚了他，将他的后代变成了外表丑陋的人马混合体。

尽管人们普遍将这些生物描述为反复无

这些肌肉发达的野兽普遍被希腊人视为野蛮人。

▲ 喀戎是最有智慧的半人马，他教阿喀琉斯射箭和弹奏里拉琴

常和冷酷无情，但并不是所有的半人马都是如此。喀戎是该物种中最著名的成员，传说中他以智慧和渊博的知识著称，曾任阿斯克勒庇俄斯（Asklepios，医神）、赫拉克勒斯、阿喀琉斯（Achilles）和伊阿宋（Jason，出自《伊阿宋和阿尔戈诸神》的故事）等人的导师。据说，他还赠予阿喀琉斯一支可怕的长矛，该长矛是用佩利安白蜡树（一种生长在喀戎居住的佩利安山山坡上的树木）雕刻而成的。

另一个著名的半人马是弗洛斯（Pholos），他在赫拉克勒斯捕捉厄律曼托斯（Erymanthian）野猪时（其12项试炼中的第4项），好心地让赫拉克勒斯在他的洞穴中避难，还向赫拉克勒斯提供了食物和酒。然而不幸的是，弗洛斯与赫拉克勒斯的这场相遇以悲剧结尾。美酒引来了一群半人马，他们越来越沉醉于弗洛斯的酒，于是与赫拉克勒斯发生了冲突。一场战斗后，那群半人马跑去找喀戎求助。在战斗中，赫拉克勒斯不小心用一支浸过九头蛇毒血的箭杀死了喀戎。弗洛斯继而将另一支致命的箭射向了自己的脚，以确保他在死后可以加入喀戎和其他半人马的队伍。

独眼巨人

这些独眼巨人在一片混乱无序的大地上过着艰苦的生活，但他们也创造了古希腊神话中一些最伟大的神器

作者：查尔斯 · 金杰

古希腊传说中的独眼巨人（“cyclopes”意指“圆眼睛”）是大地女神（盖亚）和天空之神（乌拉诺斯）的孩子，他们并没有受到神的恩赐，既没有姣好的容貌，也没有超群的智慧。他们是高大的巨人，过着原始的生活，缺乏管教，也没有任何集体意识。他们把大部分时间花在照料成群的绵羊和山羊上，通过长在前额中央的一只球状眼睛观察世界。

独眼巨人被荷马描述为流口水的食人族，又被赫西奥德描述为“性格非常暴力”。看起来，他们似乎不太可能与外人相处。

独眼巨人波吕斐摩斯（Polyphemus）是波塞冬的孩子，他过着孤独的生活，大部分时间都在照顾他的羊群，并吃掉任何冒险登上他的岛屿的人。有一天，奥德修斯和他的随从结束特洛伊战争返回家园时登上了这座岛屿。他们又饿又累，走进了一个装满食物的山洞。波吕斐摩斯回

▲ 奥德修斯为感激的波吕斐摩斯倒了一杯烈酒

▲ 当奥德修斯和他的船员扬帆远航时，被戳瞎了眼的独眼巨人愤怒地向他们投掷石块

来后，显然对奥德修斯的闯入愤怒不已，他用一块石头堵住了洞穴的入口，然后吃掉了奥德修斯的两个手下。接着，他在去照顾羊群之前又吃掉了奥德修斯的另外两个手下。

当波吕斐摩斯回来时，他犯了一个错误，接受了奥德修斯给他的一些烈酒，这些酒使他慢慢陷入醉醺醺的昏迷状态。当他询问客人的名字时，思维敏捷的英雄奥德修斯答道：“没有人。”波吕斐摩斯临睡前答应把“没有人”放在最后吃掉，以示感谢。抓住巨人酒后无力的机会，奥德修斯用木桩戳瞎了独眼巨人，唤醒了他。

波吕斐摩斯痛苦地吼叫着，四处寻找袭击他的人。附近的其他独眼巨人听到了他痛苦的哭声，于是让他说出袭击者的名字。“没有人！”波吕斐摩斯吼道，“没有人伤害我！”其他独

据说独眼巨人为宙斯制造了雷电。

眼巨人猜测打伤波吕斐摩斯的那个隐形敌人一定是个天神，于是告诫他赶快祈祷。与此同时，奥德修斯和他的手下紧紧抓住绵羊的肚子，这样当波吕斐摩斯摸着羊群的后背寻找他们的时候，就可以躲开抓捕。最终，奥德修斯和他的手下逃回船上继续他们的航行。

据说，独眼巨人波吕斐摩斯在没有被奥德修斯弄瞎眼睛之前，曾为宙斯制造了雷电，为哈迪斯制造了使佩戴者隐形的头盔，为波塞冬制造了著名的三叉戟，为阿尔忒弥斯制造了银弓。作为技艺高超的工匠，独眼巨人还被认为只用了很少的砂浆，甚至没有使用砂浆就建造出了迈锡尼城墙，即“独眼巨人的城墙”。

蛇发女怪

对视即可令人石化，蛇发女怪生来就令人畏惧

作者：查尔斯·金杰

▲ 美杜莎被砍下头颅，她的毒血渗到了洞穴的地板上，构成她头发的蛇痛苦地扭动着

当一个生物的名字被译为“可怕”时，它很可能不是可爱的森林小动物或淘气的精灵。可以肯定地说，可爱的、淘气的这两个形容词都不适合古希腊的蛇发女妖姐妹。

丝西娜（Stheno）、尤瑞艾莉（Euryale）和美杜莎是海洋生物之神福耳库斯（Phorcys）和深海危险的化身塞托（Ceto）的后代。人们对这三姐妹的普遍描绘为：她们有睁大的双眼、凸出的獠牙，以及最著名的由活蛇组成的头发。然而，其他资料显示，她们非常美丽。但不管她们是可怕的蛇头怪物，还是迷人的人形女子，她们所造成的危险都是毋庸置疑的。任何愚蠢到冒险进入三姐妹居住的洞穴——萨耳培敦（Sarpedon）岛上的人都会看到一种足以致命的眼神。和蛇发女怪对视，你就会变成石头。

塞里福斯岛（Seriphus）的国王波吕得克特斯（Polydectes）要求珀尔修斯杀死美杜莎。珀尔修斯接受了挑战，同时很清楚与蛇发女怪对视就会变成石头。国王希望这项任务能够除掉珀尔修斯，从而使他能够娶这位英雄的母亲为妻。在勇敢地踏入蛇发女妖的巢穴之前，珀尔修斯找到了格莱伊（Graiai）三姐妹，她们是蛇发女妖的亲姐妹，这些憔悴的生物共用一只眼睛和一颗牙齿。当她们环顾四周时，珀尔修斯抓住了她们，强迫她们说出杀死美杜莎所需工具的位置。这些工具为：能够带人飞行的凉鞋、哈迪斯的头盔、一把镰刀，以及一个用来存放美杜莎头颅的袋子。格莱伊姐妹慌乱地向珀尔修斯说出了可以找到这些东西的地点。

珀尔修斯带着他所需要的一切装备，以及雅典娜的镜面盾牌，追踪着美杜莎。他将镜面盾牌当作镜子，通过镜面来判断美杜莎的位置（以此避开她的目光），接近了蛇发女怪，并砍下了她的头。据说，他后来用美杜莎的头把国王波吕得克特斯及其随从变成了石头，而也有的资料说，他通过让死去的蛇发女怪凝视着海怪塞特斯（Cetus），而将安德洛美达从塞特斯手中救了出来。还有一些记载说，泰坦阿特拉斯（Atlas）被美杜莎的头变成了阿特拉斯山。而另有一些传说称，珀尔修斯把美杜莎的头埋在了阿戈斯（Argos）的市集下面。然而，无论美杜莎被砍下的头颅埋在哪里，蛇发女怪带来的威胁都并未消失，因为美杜莎复仇心切的姐妹们依然存在。

无论她们是可怕的怪物还是迷人的女子，她们都带来了危险。

▲ 蛇发女怪有时会从背上长出翅膀

▲ 劳伦特·马奎特（Laurent Marqueste）塑造的珀尔修斯和蛇发女怪

帕伽索斯

这匹长着翅膀的马，从美杜莎的鲜血中一跃而出，
帮助人们击败了一些古希腊神话中最可怕的人物

作者：查尔斯 · 金杰

这匹历史上最著名的马以一种恰如其分的戏剧性方式出现在世界上。当珀尔修斯举起美杜莎被砍下的头颅时，她脖子上喷涌而出的鲜血与汹涌的海水融汇在一起，从而使蛇发女怪的力量与波塞冬的强大力量融合。结果就出现了飞马帕伽索斯，一匹有翼的马（反映出传说中，波塞冬在引诱蛇发女怪时所幻化的模样），以及它的人类兄弟克律萨俄耳（Chrysaor，他手持金剑）。

这匹未被驯服的野马飞到了赫勒肯山（Mount Helicon），在那里缪斯女神养了它一段时间。这匹野兽兴奋无比，以至于它的蹄子敲击地面的力量足以使山腰冒出泉水，希波克瑞涅泉（Hippocrene，马泉）便是如此形成的。后来，它飞到了一处名为皮耶琳（Pierene，位于希腊科林斯）的泉水，它最终于此地被柏勒洛丰（Bellerophon，一位希腊英雄）控制。据说雅典娜给了柏勒洛丰一根金缰绳。但也有其他说法

▲ 帕伽索斯站在帕尔纳索斯（Parnassus）山上。这是古希腊神话中的一座圣山，也是飞马的家

▲ 珀尔修斯骑在帕伽索斯上，将美杜莎的头举向天空

▲ 唯有神造的魔法缰绳才能束缚住帕伽索斯

称，雅典娜在将帕伽索斯交给柏勒洛丰之前便驯服了它。

现在这匹马平静了下来，心甘情愿地服从它的新骑手——柏勒洛丰，踏上寻找奇美拉的征程。奇美拉是一种可怕的怪物，它有狮子的身体，但背部又长出一只山羊的头。它还有一条长有鳞片的尾巴，尾巴末端是一只蛇头。它还是一只能够喷火的怪物。柏勒洛丰骑着帕伽索斯从空中攻击这只怪兽，他在降落之前用箭射中了它，然后用长矛对准了奇美拉的喉咙。柏勒洛丰将长矛一戳到底，然后在奇美拉试图将他烧成灰烬时转身离开。对于奇美拉来说，它灼热的呼吸最终成功地将长矛融化成了一种炽热的液体，然而却使自己窒息而死。

柏勒洛丰为自己不可思议的胜利感到骄傲，他试图飞到奥林匹斯山，在众神中占据一席之地。众神对他的狂妄感到愤怒，把他从帕伽索斯上赶了下来，这次摔倒导致了柏勒洛丰跛足。

至于帕伽索斯，大多数记载称它在奥林匹斯山的众神之中度过了最后的日子。它经常为宙斯带来雷电，而宙斯则在它死后把它变成了一个星座。根据中世纪学者的说法，帕伽索斯的血亲可能以埃塞俄比亚飞马的形式活着，这种马有两只角和一对翅膀。

鹰身女妖

在古希腊，作恶者永远不
会逍遥法外，
因为鹰身女妖从未离开

作者：查尔斯·金杰

我们每个凡人在一生中都做过一些不光彩的事，有时我们可能会觉得自己已经受到了足够的甚至可能过于严厉的惩罚。但请多想想古希腊神话中做过坏事的人吧，对于那些偏离正道的人，鹰身女妖毫不留情。

在人们的描述中，鹰身女妖拥有女人的头和猛禽的身体、翅膀及爪子。它们迷人但致命，能够啄、抓和折磨目标。它们被视为破坏性狂风的化身，也是“埃罗”（Aello，意为“疾风”）、“俄库珀忒”（Ocypete，意为“飞快的翅膀”）和“刻莱诺”（Celaeno，意为“黑暗”）的总称。

在古希腊，无论谁违背了誓言或者做了邪恶的事情，都需要做好迎接鹰身女妖的准备。厄里倪厄斯（Erinyes，惩罚恶人的女神，在人间被称为哈耳庇厄）会抓住它们的目标，把他们带走进行神罚。

和描绘蛇发女怪时一样，一些学者和工匠把鹰身女妖塑造成美丽的长着翅膀的女人，而另一些人则把它们描绘成贪婪、恶臭的怪物。

被宙斯赐予了预言的天赋之后，色雷斯

▲ 一只全速飞行的鹰身女妖。更古老的作品（包括陶器）将它们描绘成美丽的生物

（Thrace）国王菲纽斯（Phineus）愚蠢地决定将众神的计划透露给他的同胞。愤怒的宙斯给了菲纽斯一个可怕的选择：失明或者死亡。菲纽斯选择了前者。菲纽斯同时也激怒了赫利俄斯（Helios，太阳神）。于是，赫利俄斯派遣鹰身女妖来扰乱他的一举一动，并在他吃东西之前偷走了他的食物。

饥饿和鹰身女妖无休止的攻击使菲纽斯变

▲ “哈耳庇厄”（harpy）这个名字意为“强盗”，对这些长着翅膀的鹰身女妖来说，这是一个合适的绰号

得疯狂，他似乎注定再也吃不到东西了。幸运的是，伊阿宋和阿尔戈诸神（Argonauts）的到来使他得救。菲纽斯非常渴望摆脱鹰身女妖的注意，他向伊阿宋和船员解释道，风神波瑞阿斯（Boreads）是命中注定帮助他的人。波瑞阿斯是卡拉伊斯（Calais）和仄忒斯（Zetes）两兄弟的合称，他们正陪伴着伊阿宋和他的船员一同前进。

最终，波瑞阿斯兄弟帮助了菲纽斯。当鹰身女妖降落时，兄弟俩开始追击，一直追出了好几英里①。只有当伊里斯（Iris，众神的信使）做出了鹰身女妖不会再回来骚扰菲纽斯的保证后，他俩才停止追杀。菲纽斯是一个幸运的人，因为鹰身女妖很少会放过它们的目标。

▲ 菲纽斯感谢波瑞阿斯兄弟卡拉伊斯和仄忒斯赶走了鹰身女妖

① 1英里≈1609米。——编者注

弥诺陶洛斯

弥诺陶洛斯隐藏在迷宫的阴暗通道中，
以无辜者的肉体为食

作者：查尔斯·金杰

在火把闪烁的照耀下，孩子们沿着一条似乎没有尽头的通道向前狂奔，他们遇到了另一个死胡同。慌乱之中，他们转向另一条走廊，这条走廊比刚才那条还要阴暗。它迂回曲折，却没有出路。当他们又一次向前冲刺的时候，他们身后传出一阵响亮的、沉重的鼻息，紧接着传来弥诺陶洛斯轰隆的脚步声。随着它越来越近，又一股气流从它张开的鼻孔中涌出，这股气流慢慢靠近通

▶ 位于巴黎的这座雕像描绘了忒修斯杀死弥诺陶洛斯的那一刻

▲ 忒修斯准备给弥诺陶洛斯致命一击

道的边缘，孩子们绝望地被困在通道之中。一条粗壮的胳膊和一条粗壮的、肌肉发达的腿相继绕过拐角，一秒钟后，一个长着公牛头的宽大、多毛的人形怪物出现了，牛角伸向天花板。弥诺陶洛斯停下来嗅嗅空气，捕捉猎物的气味。然后它开始发起进攻。

克里特岛的帕西法厄（Pasiphae）王后与波塞冬赐予她的用来献祭的公牛发生关系后，产生了可怕结果——弥诺陶洛斯的诞生。它无疑是古希腊神话中最可怕的生物之一。然而，它也只是其他强者一时兴起的受害者罢了。

波塞冬被帕西法厄的兽性所激怒，让她爱上了自己的孩子。随后，弥诺陶洛斯被愤怒的克里特岛国王米诺斯（Minos）关进了建造巧妙的迷宫。该迷宫是发明家和建筑师代达罗斯（Daedalus）设计的，代达罗斯自己也好不容易才从其创造的迷宫中逃了出去。

多年后，当米诺斯国王的儿子安德洛革俄斯（Androgeous）被一群雅典人杀害时，国王复仇心切并制定了一个惩罚。每隔一年（也有说是每隔九年），将七名少男和七名少女送往岛上，作为弥诺陶洛斯的祭品。这笔以人的身体偿还的账单已按时支付了两次，使28名少年在弥诺陶洛斯的死亡迷宫中遭受了可怕的结局。然而，当第三批无辜者被送去受死时，一位名叫忒修斯（Theseus）的英雄勇敢地自愿代替其中一个孩子。

▲ 另一种说法是，忒修斯勒死了弥诺陶洛斯

忒修斯带着米诺斯国王的女儿阿里阿德涅（Ariadne）送给他的羊毛线团，将羊毛线的一端绑在门柱上，挥舞着一把他藏在外衣里的剑，冒险进入了迷宫。忒修斯谨记遵从爱人阿里阿德涅的指示继续前行，从不左移或右移，最终发现弥诺陶洛斯睡在它的巢穴深处。

愤怒的弥诺陶洛斯试图保卫自己的领土，一场野蛮的战斗随之而来。但是，就像大多数英雄故事一样，主人公取得了最终的胜利，忒修斯刺穿了弥诺陶洛斯的喉咙，然后将它的头砍了下来。

中东和非洲的怪物

中东和非洲的怪物

从消失已久的蛇颈龙到吸血鬼和狼人，
非洲大陆和遥远的中东地区被认为是一些神奇生物的家园

作者：乔安娜·埃尔菲克

一些科学家认为，以非洲为起点的各种迁徙浪潮通常被分为北线（经过尼罗河谷）、南线（经过也门和非洲之角之间的曼德海峡）和东线（到阿拉伯半岛），这清楚地解释了为什么这么多非洲民间传说中的古老神兽在整个中东地区出现，进入了欧洲人的意识，甚至到了更远的地方。

惊恐的商人们沿着穿越非洲和中东的传统贸易路线前进，不断地交换他们亲身经历的或者一路上听过的、遇到的并以不同程度成功击退的神秘敌人的故事。那些漂洋过海的人会提到巨大的蛇，而那些沿着尘土飞扬的大道和小路前行的人会说到狡猾的树精和邪恶的穴居恶魔。不同的部落分享了他们的恐惧，并相信他们的经历，通过这种方式，非洲怪物的故事就从一个地方传到了另一个地方。但是，究竟是什么怪异的野兽能吓到勇敢的祖鲁（Zulu）民族、恩戈尼人或马赛战士呢？

河怪一直困扰着非洲人民。魔克拉-姆边贝（Mokele-mbembe）意为“可以阻断河流

▲ 鬣狗人（werehyena）是中东和非洲常见的怪物，在波斯、埃塞俄比亚、索马里、马里、尼日利亚的民间传说中都有出现

▲ 像狮鹫一样的生物从古埃及和亚述的传说之中，经由古希腊地区，进入了欧洲的纹章体系

伴随着一道闪电

为了在这个星球上茁壮成长，人类必须适应时常变得恶劣的自然环境，学会与土地及其他地理环境打交道。土壤可以照料，河流可以跨越，露头的岩石可以成为有用的避难所，但是尽管付出了最大的努力，人类仍然没有找到一种控制天气的方法。因此，许多将不可控的天气现象与可怕的野兽联系起来的故事在全球传播开来。有时会遭遇无情的风暴和热浪的非洲和中东地区更是如此。

因康杨巴（Inkanyamba）是一条长着斑马头的巨蛇，据说它栖息在南非豪威克瀑布下的深潭中。祖鲁人曾经敬畏这种怪兽，他们相信如果把它从睡梦中唤醒，它就会给该地区带来龙卷风、雷电和危及生命的洪水。

蛇神丹巴拉（Damballa）和阿伊达·韦多（Ayida Weddo）最初来自尼日利亚和贝宁，如今在海地和非洲裔美国人的伏都教传统中被尊为洛阿神（loa）。它们是一对已婚、温柔的龙状生物，人们认为它们飞过天空时会带来彩虹。

▲ 神话中的生物可以帮助人们解释南非平原上闪电的可怕力量

的生物”，据说它生活在刚果共和国的水道之中，让人联想起苏格兰的尼斯湖水怪，想起它那长而弯曲的脖子以及摆动的尾巴。刚果的疾病暴发通常被归咎于神话中一种非常邪恶的虫子，它们会在水中传播致命的病毒。马姆兰博（Mamlambo）有像蛇一样的脖子及像一条60英尺[①]长的鱼一样的身体，它的腿又短又粗。据说，它锐利的眼睛在黑暗中会发出明亮的绿光。然而，所有水怪中最臭名昭著的是南非的古罗兹兰古（Grootslang）。这条50英尺长的蛇形似一条绿色的金属龙，能一口吞下大象。与世界上的许多传说中的龙一样，古罗兹兰古将所有闪亮的宝物都藏起来。它守卫着一个充满钻石的水洞。赞比亚和安哥拉当地渔民遇到的危险并不一定来自水本身。康佳马托（Kongamato）意为“船只的破坏者”，据说它会从上空对船只发起袭击。这只巨大的飞行怪物长着7英尺长的红色皮革翅膀、张开的下颚以及锋利的爪子。当它俯冲过来进行杀戮时，它看起来就像一只翼龙。

非洲有各种各样狡猾的生物，这些生物经常以动物的样子出现。西非马里的恩戈法里曼（Ngofariman）化身为一只狡猾的黑猩猩。而其中最神奇的安纳西（Anansi）则化身为一只蜘蛛。虽然它很顽皮，但人们认为它非常聪明，而且一点也不邪恶。

矮人和侏儒通常被认为是欧洲的生物，但非洲的丛林和森林里据说也居住着许多矮小的民族。约鲁巴部落所畏惧的阿比库鬼（abiku ghosts）会从村民孩子的嘴里偷走食物和饮料，直到孩子们最终饿死。这样一来，那些无法抚养后代的父母在精神上便得到了宽恕。在马里，隐形的沃库洛（Wokulo）矮人同样贪婪，会从村里人手中抢夺物资。但并不是所有的小矮人都是

---

① 1英尺=0.3048米。——编者注

▲ 斯芬克斯（Sphinx）是北非和欧洲文化共有的怪物，这要归功于埃及和古希腊文明之间悠久的社会和文化联系

邪恶的，达荷美的小阿齐扎人（Aziza）住在蚁丘里，他们会一边抽着长长的烟斗，一边与附近的村民分享他们的智慧。

提到吸血鬼，大多数人会联想到特兰西瓦尼亚（Transylvania）吸血的德古拉伯爵（Count Dracula），而不是非洲恶魔。然而，欧洲的许多怪物都可以追溯到中东或者非洲，它们先进入古希腊，然后向更远的地方传播开来。奇怪的是，与欧洲吸血鬼不同，西非的吸血鬼会受到光的吸引而非排斥光的照射。在整个加纳存在着一个邪恶的吸血鬼女巫——阿得资（adze）。它拥有变形能力，会变成一只小萤火虫，以便溜进一扇紧闭的门，然后露出它的真实形态并将受害者吸干。亚斯安伯沙（Asanbosam）用它锋利的铁爪倒挂在树上，就像一只巨大的蝙蝠，等待着吸食过路人的鲜血。与此同时，被称为阿巴伊福（abayifo）的吸血鬼巫师也在恐吓着阿善堤人（Ashanti）。阿巴伊福移动起来像一个发光的火球，它会占据村民的身体，吸吮他们的血液，使他们的眼睛和嘴巴发出光亮。这种邪恶生

欧洲的许多怪物都可以追溯到非洲或者中东，它们先是被传入古希腊，然后才进入欧洲的其他地区。

物的到访，对村庄来说不是个好兆头，因为它会导致庄稼歉收，树上的果实枯萎，真真实实地吸走村民的生命。

然而，在来自亚述（今伊拉克北部）的古代文献中，可以找到已知最早的与吸血鬼相关的记载。从苏美尔时期流传下来的神话故事使亚述人害怕被称为乌图库（utukku）的吸血鬼。这些恶魔曾经是人类，但在死去并被埋葬后，因其亲属未能以死亡祭品来纪念他们而变成了恶毒的灵魂。人们认为这些满腔愤恨的灵魂是从冥界爬上来的，它们通过从所有过路人身上饮血和吸食灵魂，从而获取生命的力量。

吸血鬼的故事在美索不达米亚地区进一步发展，并渗透到迦南和犹太文化之中。莉莉丝（Lilith）被认为是第一个男人亚当的第一任妻子，她是用黏土制成的，而非亚当的肋骨。她抛弃了丈夫，和一群恶魔私奔了。据说，在生下许多精灵婴儿后，她变成一只猫头鹰，回到了人类世界，骚扰熟睡的人，吸食孩子的血。

几乎可以肯定的是，古希腊是拥有丰富信仰和神话故事的美索不达米亚旅行者的移民地，因此，许多熟悉的生物都可以追溯到这个起点。

对人类变成狼人的首次描述出现在苏美尔人的《吉尔伽美什史诗》（*Epic of Gilgamesh*）

▲ 什么样的怪物能使强大的祖鲁战士感到恐惧？

之中，而当古希腊神话中宙斯把阿卡迪亚（Arcadia）国王利卡昂（Lycaon）变成一只咆哮的狼时，这段描述再度出现。阿拉伯民间传说也讲述了丘特鲁布（qutrub），即一个人变成了狼并以死人的尸体为食的故事。

同样，今天西方关于“僵尸”或“活死人”的概念，也无异于阿拉伯的变形食尸鬼。据说这些极其可怕的生物隐藏在洞穴之中，等待着捕食毫无防备的旅行者。

中东和非洲还有其他奇怪的野兽。例如，阿拉伯的那斯那斯（nasnas），它是恶魔父亲和人类母亲的后代。它只要轻轻一碰受害者，就能让对方失去血肉。它只有一半的身子，靠一条肌肉发达的腿跳跃前进。并非所有来自中东的怪物都是邪恶的。沙达哈瓦（shadhavar）是独角兽的一种，但与欧洲童话中的独角兽不同，这种生物的角上会长出42根树枝，就像一棵美丽的树。当风吹过树枝时，可以听到迷人的音乐声。与据说会传播麻风病的巨型壁虎萨姆-布拉斯（samm-abras）不同，长着黄色斑点的祖奥（zulal）是一种不到手指大的蠕虫。它体内充满冷水，在干旱时期会被人类捕获。在没有下雨迹象的艰难时期，这种在雪中繁殖的微小生物充当了希望的灯塔。

▲ 夏娃用苹果诱惑亚当，而亚当的第一任妻子，即长着翅膀的恶魔莉莉丝，从上方俯视着他们

从空中会喷火的巨大爬行动物到隐藏在你脚下的诡计多端的狡猾生物，怪兽有各种形状和大小，但有一件事把它们联系在一起，即一切都是从恐惧中诞生的。人类一直害怕未知和不可控的事物，为了理解和驾驭自然的力量，我们创造了怪物。海蛇可以解释悲惨的海难，愤怒的恶魔可以解释干旱或洪水，而复仇的灵魂可以解释一连串的厄运。几个世纪以来，非洲和中东人民一直在与恶劣的地理环境和狂风暴雨的天气作斗争。难怪在这里，人和怪物可以继续并存。

变形精灵

精灵是中东神话中最著名的超自然生物之一

作者：梅兰妮·克莱格

精灵是阿拉伯神话中最著名的超自然生物之一，其起源现在已经很难说清，但从很早的时候起，它们就一直是中东民间传说的一个不变的主题。当时，它们被描述为邪恶的变形精灵，潜伏在荒芜的地方，喜欢把自己变成动物，以避免被人发现。然而，与其他恶魔不同的是，精灵通常被认为是相对温和的，并且像人类一样，拥有善恶两面，因此一些虚构的精灵是有害的、暴力的，而另一些则是乐于助人的，是它们所结交的人类的导师。巫师比较特别，可以使用魔法来让精灵为他们服务。

在阿拉伯语经典名著《一千零一夜》中，精灵被描绘成善良、乐于助人的形象，并且能立即将自己送到它们想去的任何地方。甚至，精灵一度被视为一种次等神灵，受人崇拜；但是精灵的相对弱小和非不死之身意味着它们理论上可以被人类杀死，这使它们无法被视为真正的神灵。然而，精灵仍然因其智慧，以及可以变形和在空气中消失的能力而受到敬畏和尊重，这些能力意味着它们能够伏击敌人。人们还相信，它们能够附身受害者并使他们发疯，这种行为通常出自强大巫师的命令。巫师用魔法征服了精灵，并派它们去执行命令。

一些宗教神话中也多次提到精灵，它们被描述为自然之灵和次等神灵。它们被设定为次等地位，是为了防止人类崇拜它们。精灵通常被认为是一种特殊的、几乎是超人的实体，具有天使或恶魔的本性。它们居住在一个看不见的世界里，如果它们愿意，可以与人类互动，但除此之外不被发现。它们通常以动物的形态存在。据传，地球上居住着善于战斗的天使和精灵，它们最终被击败并被迫躲藏在人类之中，它们嫉妒人类与上帝的亲密关系，又同情人类缺乏超自然的力量。不出所料，许多学者认为精灵可以与基督教传统中的堕落天使相提并论，后者在被赶出天堂后变成了恶魔。

▲ 这幅16世纪的画描绘的是，仁慈的精灵帮助波斯皇帝建造城墙，以保护他的土地免受其他部落侵害

▲ 欧洲版本《一千零一夜》中，最著名的精灵作为阿拉丁和辛巴达的仁慈的恩人出现

▲ 拥有兽中之王和鸟中之王的称号，强大的狮鹫无人能敌

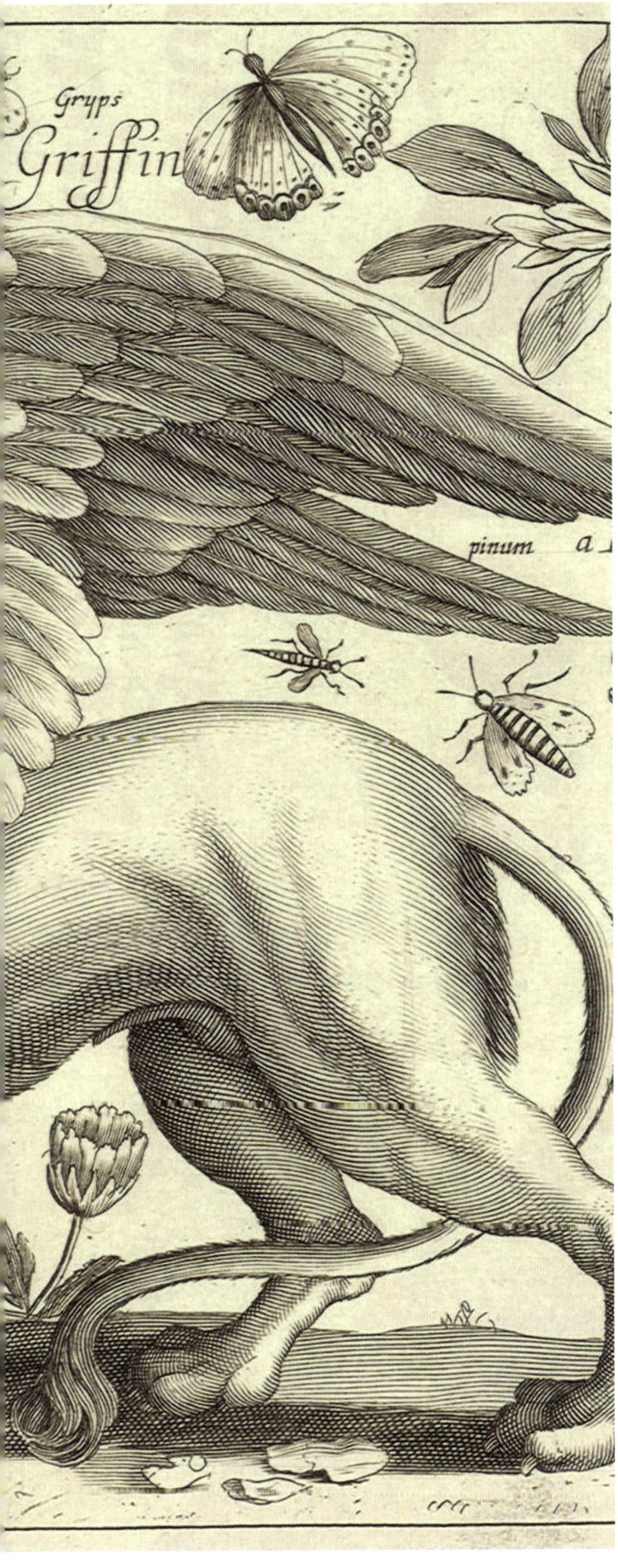

狮鹫

它是如此庞大和神秘，
是宝物的守护者和神圣的捍卫者，
在这样一个生物面前，
谁能不颤抖呢？

作者：威洛·温沙姆

根据传说，狮鹫是狮子和鹰的混合体。它拥有狮子的身体、后腿和尾巴，以及鹰的翅膀和头。可以说，狮鹫是传说中世界上最强大的生物之一。

早在公元前3000年，类似狮鹫的野兽就已经出现在古埃及和伊朗的艺术作品之中。公元前1950年至前1550年，黎凡特、安纳托利亚（Anatolia）和叙利亚就有了狮鹫的痕迹。后来，狮鹫开始与耶稣和神力联系在一起。

如果普林尼是可信的，那么我们就能得知狮鹫会在它们产卵的地方挖洞。在《阿波罗尼乌斯传》（*Life of Apollonius of Tyana*）中，狮鹫的喙非常强壮，可以挖出金块。与其他动物相比，狮鹫几乎是不可战胜的，它可以打败大象和神话中的龙。只有老虎因为速度极快而对狮鹫的力量免疫。尽管狮鹫和鹰有着同样的身体特征，但它没有鹰的飞行能力。狮鹫的神奇特性有据可查，它的一根羽毛能使盲人重见光明，它的爪子大到足以被制成高脚杯。然而事实上，被制成高脚杯的是羚羊的角，但这并没有毁掉这个故事。狮鹫蛋（或是鸵鸟蛋）被视作珍宝。

狮鹫也会出现在纹章中，代表着力量、领导力和勇气。比萨狮鹫雕塑就是对这种生物的创造性表现。有人认为，这座巨大的青铜雕塑可以追溯到11世纪，它超过3英尺高，可以说是那个时期最大的青铜伊斯兰雕塑。

狮鹫会结成终身伴侣：如果配偶死了，活着的这只狮鹫将会独自生活，没有伴侣，直至它自己死去。据说，这种生物能够与其他动物交配繁殖，例如，狮鹫与母马交配的后代是鹰头马身有翼兽。

狮鹫引发了人们许多创造性的想象，并出现在但丁的《神曲》、里克·里奥丹（Rick Riordan）的《波西·杰克逊》（*Percy Jackson*）系列、《我的小马驹》（*My Little Pony*）以及《哈利·波特》等影视文学作品之中。你还可以在世界各地的各种广告和标志中发现狮鹫的身影。

▲ 世界各地都能找到对狮鹫的描绘，例如罗兹博物馆（Rhodes museum）中的这幅镶嵌图案

▲ 比萨狮鹫雕像现存于
比萨大教堂博物馆

▲ 希腊的斯芬克斯成为了艺术中的常见形象。她的外表令人生畏，如图所示，她甚至被用作墓碑

斯芬克斯

动物身体与人类头颅的混合被认为是可怕的、
神圣的和隐秘的，正如斯芬克斯那样

作者：本·加祖尔

“什么东西早上用4条腿走路，中午用2条腿走路，晚上用3条腿走路？”

这就是古代最著名的谜题。众所周知，这道题的谜底是人。我们小时候用四肢爬行，成年时用两条腿走路，老年时拄着拐杖。只有英雄俄狄浦斯能够解开这个谜题。然而，是谁提出了这个问题呢？以及什么东西有女人的头、狮子的身体和鹰的翅膀呢？这两个问题的答案是一样的，都是斯芬克斯。

在古希腊神话中，由不同动物的身体部位组成的混合型生物处于自然秩序之外，因此被视为具有威胁的超自然生物。斯芬克斯尤其危险，因为她既有动物的蛮力，又有人类的智慧。如果你没能答出她的谜题，她会很乐意杀了你。在希腊语中，斯芬克斯可以被译为“扼杀者”。

罗马诗人斯塔提乌斯（Statius）将斯芬克斯描述为“凶猛的……她的脸颊苍白暗淡，她的双眼被腐蚀污染，她的羽毛上凝结着可怕的血迹；她的爪子抓着人类的遗骸，吃掉一半的骨头也被她抓在胸前”。虽然现代的我们认为斯分克斯是一种永远不会遇到的神话生物，但在古代世界，她们被一些人视为可以遇见的真实生物。根据老普林尼的说法，有许多斯芬克斯在埃塞俄比亚被人发现，她们有棕色的皮毛和一对乳房。

▲ 斯芬克斯出现在地中海地区的陶器和雕塑中

▲ 吉萨大斯芬克斯像从古至今一直吸引着到达埃及的游客，它的建造过程仍然充满着神秘色彩

虽然希腊的斯芬克斯是这种生物最著名的版本，但其他文化中也有与之类似的神兽。在埃及各地可以找到许多斯芬克斯像，包括吉萨（Giza）大斯芬克斯像。虽然希腊的斯芬克斯有着可怕的名声，但在埃及，斯芬克斯像与众神和法老紧密相连。许多斯芬克斯像的特点都是有着狮子的身体和法老的头，并且戴着法老的头饰。法老们通过将自己和狮子联系在一起，将自己和母狮神塞赫迈特（Sekhmet）联系起来。埃及的斯芬克斯像是法老力量的投射，既是有形的，也是神圣的。

其他文化和神话也接纳了斯芬克斯。希腊的斯芬克斯只有一个，但其他神话中有许多斯芬克斯。在东南亚，人们可以在各种场合看到斯芬克斯。在印度南部发现的斯芬克斯普鲁沙瑞伽（purushamriga）据说可以消除进入寺庙之人的罪孽。

凤凰

从巢穴的灰烬中升起的火鸟也有阴暗的一面……

作者：威洛·温沙姆

凤凰是一种传说中的鸟，它已经成为牺牲和重生的代名词。每个人都熟悉那壮丽的、火红色的凤凰形象，它从毁灭的灰烬中升起、重生，再次焕发青春。

早期希腊关于凤凰的流行观点认为，这只鸟顽强地活了500年才重生。据说，当凤凰意识到自己的生命即将结束时，它就会在一棵高高的树上筑起巢穴。在这个巢穴中，它会自己搭起火葬的柴堆，然后安顿下来等待不可避免的死亡。凤凰自身的热浪点燃了干枯的树枝，它用翅膀煽起火焰，帮助自毁，也因而助力了自己的重生。还有一些更平淡的说法，即凤凰死亡，腐烂，然后重生。

凤凰通常被描述为大型猛禽般大小；在一些传闻中，它被认为如鸵鸟一般大，甚至在某些情况下比鸵鸟更大。尽管人们对凤凰引人注目的外观一致认同，但对凤凰的颜色却众说纷纭：红色和金色的组合很受欢迎，但也有人将其描述为与孔雀的颜色相似。根据犹太卡巴拉教（Jewish Kabbalah）的说法，食用禁果会导致堕落，而凤凰成了伊甸园中唯一拒绝食用禁果的生物。凤凰也因此从上帝那里获得了奖赏——不死之身，

▲ 在古代，据说凤凰“菲尼克斯”的名字起源于腓尼基，原因是两个词的发音相似，但如今这一说法已被证明是错误的

▲ 传说，凤凰在老去时会从自己筑起的篝火巢穴中重生

凤凰象征着死亡和重生、复活、时间、圣洁和灵魂的轮回。

但永生是一把双刃剑，要付出惨痛的代价，即先要被火焰所吞噬，然后才能重生。事实上，凤凰已经成为一般意义上的更新和重生的象征。在基督教中，这种奇幻的鸟被视为耶稣基督复活的寓言。

由于凤凰的鲜艳色彩以及会被火焰所吞噬的特性，在民间传说中发现凤凰与太阳相关并不奇怪，凤凰的早期图像中就包含了类似太阳的光环。

在斯拉夫神话中，火鸟是凤凰的对应物。这种神奇而危险的生物，其羽毛闪耀着火光，正如许多故事所表明的那样，它可能是厄运的预兆。它常常成为追捕者的目标，总是会在偷苹果时险些被抓。

凤凰还有另一个更为恶毒的含义：名为菲尼克斯（Phenex）的恶魔。它以火鸟的形象出现，希望回到天堂，试图用甜美的、孩子般的声音欺骗那些想要驱逐它的人。

▲ 从12世纪的《阿伯丁动物寓言》（*Aberdeen Bestiary*）到J.K.罗琳的《哈利·波特》系列，凤凰出现在许多艺术和文学作品之中

◀ 这只孔雀大小、极其美丽的火鸟绝非友善。在传说中，它常常是冒险家探寻的目标

大鹏鸟

大鹏鸟来自阿拉伯和波斯的神话故事，
几个世纪以来，它持续被人们提起

作者：迪·迪·钱尼

▲ 如图，《一千零一夜》中，故事《水手辛巴达的第二次航行》描绘了大鹏鸟。创作者：查尔斯·莫里斯·德特莫尔德（Charles Maurice Detmold）

有人推测，大鹏鸟起源于古印度的两部梵文史诗——《摩诃婆罗多》（*Mahabharata*）和《罗摩衍那》（*Ramayana*）。据说，这只鸟出自传说中的类鸟生物揭路荼（Garuda）的故事。在这些故事中，揭路荼抓走了一头正在与鳄鱼搏斗的大象，同时提到了一只翼展48英尺的巨鸟，它拍动翅膀掀起的风堪比龙卷风。

13世纪，冒险家马可·波罗以自己的旅行经历对大鹏鸟做出了非常精确的描述，他说：这种鸟可以在马达加斯加岛和非洲海岸附近的岛屿上找到，它像一只巨大的鹰，羽毛有12步长。他在故事中讲述了元朝统治者忽必烈派遣仆人前往马达加斯加，而这些仆人在返回时带来了一根巨大的羽毛——尽管许多人认为这是一片酒椰棕榈叶（raphia palm frond）。马可·波罗认为，这只巨大的鸟会捕食大象，它先将大象从地上抓起来，然后再从高处抛下大象以将其杀死，最后

▲《人类消失后的地球》描绘了抓着鹿、大象和狮子的大鹏鸟。创作者：弗朗茨·罗塞尔·冯·罗森霍夫（Franz Rösel von Rosenhof）

返回地面来享用大象的尸体。还有其他故事说它会把人掳走，将人撕成碎片，然后把人带回巢穴喂养幼崽。《一千零一夜》是阿拉伯黄金时代编纂的民间故事集，大鹏鸟也出现在其中。《水手辛巴达的第二次航行》（*The Second Voyage of Sindbad the Sailor*）讲述了冒险家辛巴达遇到了一个耀眼的白球，它高得无法攀爬，周长50步，摸起来非常光滑。辛巴达意识到这是一个巨大的蛋，他看到人鹏鸟趴在上面取暖。他聪明地把头巾缠在大鹏鸟的爪子上，希望它能将他带离这个将他困住的偏远岛屿。大鹏鸟确实做到了，将他带到了钻石谷中。在这里，辛巴达想起了一个商人的故事：商人将大块的肉扔在宝石上，然后鸟儿就会用爪子捡起这些肉，连带也会捡起宝石，如此便能收集宝石。辛巴达准备好了他的肉，结果正如他所料。鸟儿捡起肉，也捡起了钻石和他，并把所有的东西都带回了巢穴。在这里，辛巴达遇到了一群商人，他将宝藏中的精品作为酬谢送给了商人，并在他们的陪同下到达了安全的地方。

所以除非你有一大块肉，还有一群值得信赖、可以依靠的商人，否则你最好小心大鹏鸟！

▼大鹏鸟是一种传说中体型巨大、力量强大的鸟

拉玛苏和舍杜

作为神的使者和美索不达米亚地区的守护神，
拉玛苏和舍杜以动物和人类的混合体的形态出现，
矗立在自然界之外

作者：本·加祖尔

在古亚述首都尼尼微（Ninevah）的废墟中，出土了40尊带着翅膀的巨大公牛雕像。在美索不达米亚发现了更多此种样式的雕像，它们在新亚述文化生活中发挥了重要作用。这些巨大的雕像通常成对摆放，守卫着城市和宫殿的入口。

拉玛苏（Lamassu）原本是一位女神，与大多数美索不达米亚诸神一样，是一个长着翅膀的人。她在公元前2世纪中期首次出现，戴着一顶有角的王冠。然后，拉玛苏逐渐变成了一种长着翅膀的人首牛身怪或人首狮身怪。不知为何，这位女神变成了一个混血恶魔，留着令人印象深刻的胡须，尽管头上戴着同样的角冠。这些有翅膀的怪物大多被称为拉玛苏（意为“保护神”），但有时其雄性版本被称为舍杜（shedu）。

公牛是力量的象征，神有时也会使用公牛。在《吉尔伽美什史诗》中，一只骇人的“神牛”被派去攻击吉尔伽美什。在拉玛苏的雕像中，公牛的神力被认为具有保护作用。门口的雕像能够阻止邪恶的进入。

在浮雕中，我们可以看到拉玛苏守卫着人们、军队和舰队。即使是那些平民百姓也可以通过在家门口的门槛下埋一尊雕刻的拉玛苏神像，来将拉玛苏的力量带到自己的家中。

拉玛苏的雕像有时会呈现出5条腿，但这可能是一种图像视觉上的处理方式，而非生物解剖学上的。从正面看，这些雕像似乎是用两条腿稳固地站立着，但从侧面看，它们似乎是用4条腿大步向前走着。只有当从四分之三的侧面来看时，奇怪的5条腿才会出现。

▼ 在美索不达米亚，巨大的拉玛苏和舍杜雕塑矗立在城市和宫殿的入口处

▲ 拉玛苏的胡须脸和角冠反映并加强了亚述国王想要投射的力量

公元前631年，亚述巴尼拔（Ashurbanipal）死后，拉玛苏几乎完全消失了。直到后来的波斯帝国，拉玛苏才再次被描绘出来。波斯人并没有积极尝试将它们作为辟邪的守护者，相反，他们似乎是在用新亚述的意象来回忆过去强大国王的辉煌岁月。

有人认为，《旧约》中的基路伯可能源自拉玛苏的形象。《以西结书》（*Book of Ezekiel*）一卷中将基路伯描述为一种长着人脸、牛脸和狮子脸的混合生物。在《出埃及记》（*Exodus*）中，我们得知，约柜上装饰着张开翅膀的基路伯。就像拉玛苏保护亚述诸王的宝座一样，基路伯也可能守护着通往上帝的道路。

食尸鬼

食尸鬼最早出现在阿拉伯民间传说中，是一种被诅咒的生物，注定生活在荒芜的墓地里，以死者的肉体为食

作者：梅兰妮·克莱格

食尸鬼是一种独特的超自然生物，起源于阿拉伯民间传说。据传，它们潜伏在墓地附近，吞食最近死去的人的肉体；或者居住在废弃的建筑物或沙漠之中，诱捕并享用粗心的旅行者。它们的名字“ghul”或“ghulah”（代表女性食尸鬼），在阿拉伯语中意为“抓住”。据说，有些可怕的女性食尸鬼会伪装成美人，引诱男人进入巢穴，然后将其吃掉；而其他食尸鬼则更喜欢伪装成动物的样子，尤其是鬣狗，以引导它们的猎物在沙漠中误入歧途，随后再变成被动物所伤的受害者的样子，以引诱猎物靠近。

据说，最可怕的食尸鬼是古尔邦（Ghul-e Biyaban），它在阿富汗的沙漠中游荡以寻找猎物。同时，根据一些神学的说法，食尸鬼最初是一种名为沙亚丁（shayatin）的恶魔，它们发现了一种秘密进入天堂以窃听圣言的方法。然而它们因这种亵渎而受到了精神错乱和毁容的惩罚，

▲ 食尸鬼是一种可怕的超自然生物，被经常与鬼魂混为一谈

▲ 食尸鬼经常在书籍和电影中出现，这部由鲍里斯·卡洛夫主演、于1933年上映的令人毛骨悚然的恐怖片中也有它的身影

▶ 传统意义上来说，食尸鬼出没于墓地和其他荒无人烟的地方，等待着他们的猎物——人类

不得不在黑暗处和废弃之所避难，并在这些地方对生者和死者进行报复。

食尸鬼在西方几乎不为人知，一直到18世纪初，法国东方学家安托万·加兰德（Antoine Galland）编著了中东经典著作《一千零一夜》的第一部欧洲译本后，这种情况才有所改变。他在作品中描述了一种潜伏在墓地周围并且吞噬尸体的可怕生物。直到1786年，文学作品中才出现了第一个食尸鬼。当时，英国最富有的平民作家威廉·贝克福德（William Beckford）出版了哥特小说《瓦泰克》（*Vathek*），其灵感来源于阿拉伯历史和民间传说。自从在贝克福德的书中首次亮相以来，食尸鬼已经多次出现在书籍和流行文化之中，并且普遍被描绘成可怕的、几乎像僵尸一样的生物。它们掠夺活人，要么吃掉他们，要么像可怕的骷髅“鬼妈妈”那样，引诱孩子离开父母，然后吸干他们的生命。“鬼妈妈”出自小说《卡洛琳》（*Coraline*），其作者尼尔·盖曼（Neil Gaiman）显然受到了有关食尸鬼描述的启发。

曼提柯尔

可怕的食人兽曼提柯尔起源于古代波斯神话，
后来成为中世纪艺术的流行主题

作者：梅兰妮·克莱格

根据古老的波斯传说，曼提柯尔（manticore）是一种神秘的红色野兽，它长着一张人脸，有三排恐怖的鲨鱼牙齿、狮子的身体，以及一条巨大的尾巴——像蝎尾一样，长满了毒刺。与相对温和的斯芬克斯不同的是，曼提柯尔是一种可怕的捕食者，它用尾巴上的尖刺攻击猎物，使其下巴脱臼进而将无法动弹的受害者整个吃掉，不留痕迹。一些人认为它尾巴上的尖刺可以像箭一样射出。因此，它的名字来源于“mardya khowr”，这是波斯语中“食人者”的意思，后来演变成拉丁语“mantichora”。

曼提柯尔起源于波斯神话，于公元前4世纪首次在欧洲文学中出现，当时希腊作家克特西亚斯在他现已失传的《印度史》（*Indica*）一书中描述了这种可怕的生物。据说，该书描述了印度的自然史，还首次对独角兽进行了描绘。后来，罗马作家埃利安（Aelian）在他的《动物本性》（*Characteristics of Animals*）一书中对克特西亚斯作品中的曼提柯尔进行了详细补充。他在书中描述道，曼提柯尔的速度快到令人难以置信，发出的声音“就像小号的一样”，并且能够在一次攻击中屠杀和吞食几个人。

包括老普林尼在内的其他著名罗马作家，后来也纷纷效仿，进一步阐述了曼提柯尔的传说：

曼提柯尔是一种可怕的捕食者，它用尾巴上的尖刺攻击猎物。

▼ 16世纪希腊手稿《动物主义之书》（*Liber de propietatibus animalism*）中的一张关于曼提柯尔的插图

▲ 曼提柯尔经常出现在中世纪的动物寓言集中

曼提柯尔非常凶猛，并捕食印度人，因此他们十分畏惧曼提柯尔。

动物寓言集中有丰富的插图和装饰，描绘了各种神话生物和真实生物，在贵族圈子中非常受欢迎。中世纪，曼提柯尔经常在动物寓言集中出现。这导致曼提柯尔成为艺术家和雕塑家的最爱主题之一，那些负责装饰教堂的人尤其对它青睐有加。1470年，第一代黑斯廷斯男爵威廉·黑斯廷斯（William Hastings）对曼提柯尔产生了更进一步的兴趣，他给曼提柯尔添加了象牙并将其做成了他的官方纹章。后来这种做法被其他有影响力的人所效仿，其中便包括安东尼·巴宾顿（Anthony Babington），此人因密谋营救苏格兰玛丽女王而遭到处决。

▲ 这是一幅17世纪的令人恐惧的曼提柯尔图。图中的曼提柯尔有一条可怕的蝎尾，据说这条尾巴能麻痹猎物

瓦塔妈妈

人们相信美丽的非洲美人鱼——瓦塔妈妈会给敬奉她的人带来好运

作者：梅兰妮·克莱格

瓦塔妈妈（Mami Wata），是非洲人民和非洲侨民中最知名的神灵之一。她被视为一种为水手和所有在海上工作和旅行的人提供特殊保护的水生物，并因此受到崇拜和尊敬。瓦塔妈妈通常被描绘成一个美人鱼般的女人，长着像蛇或鱼一样的下半身，以及迷人的黑色长发，以珍珠、钻石、黄金和蛇作为装饰。她通常手持一面镜子，与一条盘绕在她身上并将头靠在她的双乳之间的大蛇为伴。虽然她是一种海洋生物，但据说她也经常出现在繁忙的市场和酒吧，在那里她穿过人群，却不会引起人们的注意。根据尼日利亚的传说，她偶尔会伪装成美丽的女人来引诱不知情的凡人，然后暴露自己的真实面貌并向他们发出可怕的最后通牒——要么完全献身于她，然后获得超出他们想象的财富；要么离开，然后她将摧毁他们所爱的一切。另一种流传更广的说法是，她喜欢将水手和其他粗心的旅行者引诱到她

▲ 瓦塔妈妈的追随者制作了装饰特别的娃娃作为祭品，希望瓦塔妈妈能给他们带来好运

▼ 瓦塔妈妈也常被描绘成一个手持巨蟒的长发美女

的海底王国，然后对他们施以魔法并囚禁起来，一段时间后，她会将他们安然无恙地送回水面，并赐予他们好运。

瓦塔妈妈以善妒、苛刻的情人形象，以及贪恋珠宝和贵重物品的性格特征而闻名。不过，瓦塔妈妈也被视为一股积极的力量，因为她被认为与健康和疗愈紧密相关，有能力治愈各种疾病。在某些地区，难以怀孕的妇女会向瓦塔妈妈求助，但是，据说受瓦塔妈妈帮助而诞生的任何孩子都将属于瓦塔妈妈而非其生母，有些孩子甚至可能在长大后成为瓦塔妈妈的祭司，认为自己归瓦塔妈妈所有。许多信徒喜欢独自祭拜她，但也有人会在祭司的带领下集体祭拜。祭司会鼓励他们跳舞，直到他们进入一种恍惚的状态。这时，被香水、珠宝和巧克力等供品吸引而来的瓦塔妈妈将会拥有他们的灵魂并赐予他们好运。

▲ 根据传说，瓦塔妈妈喜欢引诱水手到她的海底王国，并成为自己的情人和奴隶。之后，她会赐予他们奖励，并放他们离开

虽然她是一种海洋生物，但据说她也经常出现在繁忙的市场和酒吧，在那里她穿过人群，却不会引起人们的注意。

波波巴瓦等西太尼

古往今来，
这些邪恶的幽灵令人恐惧

作者：乔安娜·埃尔菲克

波波巴瓦（Popo Bawa）在斯瓦希里语（Swahili）中意为“蝙蝠翼”，它是许多恶灵或西太尼[①]（shetani）之一，在东非地区尤其是坦桑尼亚肆意横行。这个名字描述的是该恶灵在夜间狩猎时投下的威胁性阴影。波波巴瓦实际上是一种会变形的生物，能够变成其他动物的形态，甚至呈现出一种扭曲的人形，而非始终像一只巨大的蝙蝠。

虽然许多西太尼的出现可以追溯到一千多年前，但波波巴瓦是一个20世纪的怪物。关于波波巴瓦的书面记录最早可以追溯到1965年，但在20世纪70年代，这种生物才普遍得到认知。许多人认为它是一个复仇的精灵，后来变成了恶魔，逃离了它的酋长主人。

① 西太尼，在斯瓦希里语中是神灵或魔鬼的意思。——编者注

▲ 游客购买神祇和邪灵的雕像，却不知道它们对于村民的真正意义和价值

▼ 波波巴瓦会不会只是一只在大地上投下阴影的普通蝙蝠？

尽管鬼怪之间千差万别，但它们都在某种程度上显得扭曲和怪诞。

自此之后，人们记录了更多恶灵袭击事件的发生，最近的一次发生在2007年的达累斯萨拉姆（Dar es Salaam）。夜幕降临时，村民们做好了在西太尼的袭击中保护家园的准备，他们燃起火堆，并与邻居们齐聚一处直至清晨。他们时刻保持警惕，检查是否有硫黄的气味传来，因为这是波波巴瓦游荡的一种明确迹象。这种贪婪的生物会以凶猛的方式攻击所有人，男女老少均无可幸免。

在一些袭击事件中，恶灵攻击的目标是人类的家园，其表现类似一种恶性的鬼神示威运动；但在另一些袭击事件中，这种对人类家园的攻击变成了对人类本身的暴力攻击。

西太尼涵盖了一众形成邪恶部落的生物，每个部落都有自己独特的外表、个性和本领。例如，小小的奈露（nailu）看起来像一只变色龙，住在树顶，通常以昆虫为食，但喜欢恐吓村民。尤昆都卡（ukunduka）是一种更危险的鬼怪，它通过性交来进食和生长。尽管鬼怪之间千差万别，但它们都在某种程度上显得扭曲和怪诞，要么显示出扭曲的人类特征，要么显示出畸形的动物特征。

在整个东非，人们用非对称性的特征来描述西太尼，它们通常是一只眼睛或一条腿，嘴巴弯曲，或者形似某种动物，却又长着硕大的爪子或弯折的翅膀。当地村民用非洲黑木雕刻出精细的西太尼雕塑，描绘出它们不自然的形态，然后卖给觉得它们有趣的游客。

托科洛希

在南非的土著村庄，健康的人会在睡梦中死去，
罪魁祸首是那个恶毒的托科洛希吗？

作者：波比杰·帕尔默

南非神话中出现的许多角色都是神圣而迷人的，比如女雨神穆贾吉姆（mujajim），以及天空之神、造物圣主莱扎（Leza）。在升入天空之家前，莱扎曾在地面上生活，教授人类不同的艺术。然而，其他角色则非常可怕，如托科洛希（tokoloshe）。

托科洛希起源于南非本土民间传说，尤其是祖鲁和科萨（Xhosa）神话。托科洛希虽然很小，但绝不是无害的。不同的人用不同的方式描述它们：一些人认为它们是类似于小精灵或淘气鬼布朗尼（brownies）的人形生物，而另一些人则认为它们在本质上更像是灵长类动物。抛开外表不谈，每个人都能在一件事上达成共识：你不想遇到托科洛希。

作为水精灵，托科洛希被认为可以通过喝水或吞下石头而隐形。一旦躲过人类的眼睛，它们就会潜入人类的房子，在人类入睡后攻击他们。有时它们只是吓唬受害者，给他们留下一个能够在第二天讲述的令人毛骨悚然的故事。但有时它们会用细长的手指掐住受害者的脖子，把他们勒死。现实生活中，许多南非土著居民习惯在床腿下垫砖把床撑离地面。这样做的部分原因是，托科洛希虽然恶毒，但不能爬得很高。

当南非大多数人还居住在一种由石头、沙子、土壤和其他天然材料制成的传统圆柱形小屋里的时候，有许多看似健康的人曾在夜间神秘死

作为水精灵，托科洛希被认为可以通过喝水或吞下石头而隐形。

亡，有时甚至是整个家庭一起死亡。于是，人们创造出托科洛希的故事来解释这些现象。然而，也有一种理论认为，圆棚屋中的炉火，如果关着门燃烧一整夜，可能会使家中的氧气水平下降，二氧化碳含量过高，从而导致屋内睡着的人死亡。

托科洛希不会自己选择受害者。根据传说，它们受女巫召唤而在社区中造成严重破坏。女巫控制它们的方式是：剪掉这些小生物眼睛上的毛发，这样它们就能看见东西，并喂给它们凝固的牛奶。如果一个社区或家庭持续受到恐怖威胁，只有一个办法可以摆脱托科洛希，那就是他们必须召唤一名祖鲁巫医“桑戈马”（sangoma）来帮忙。巫医将使用一种传统魔法“慕提”（muti）来驱除该地区的托科洛希。

◀ 戴着托科洛希面具的舞者。人们相信托科洛希能够隐身，并在人类睡觉时折磨他们

恶魔

很早很早以前，许多人就担心世界上到处都是恶魔，随时准备攻击并摧毁人类

作者：本·加祖尔

长久以来，在各种传说中恶魔一直困扰着人类。这些超自然生物在生前甚至在死后都是为了折磨人类而存在。恶魔是一种令人恐惧的东西，但对恶魔的定义就像恶魔本身一样多变。要研究恶魔，我们必须深入其过去。

恶魔的过去

恶魔一词源自希腊语“daimon”。对于古希腊人来说，恶魔并没有什么特别可怕的地方，事实上，有它们在身边会很方便。公元前7世纪，诗人赫西奥德描述了宙斯如何将第一代人类变成恶魔。

> 他们是善良的，是尘世的，是凡人的守护者。
>
> 他们守护正义的行为，他们防范卑鄙的邪恶之举。

古希腊抒情诗人品达（Pindar）描写了奥运会的光荣胜利者，并谈到了从人类出生起就守护着他们命运的守护神。哲学家苏格拉底声称他有一个与他经常交谈的守护神。这个守护神经常告诉苏格拉底不要做不虔诚的事。

从某种意义上说，守护神是一种次等神。它们成为抽象概念的化身。如果幸运的话，你可能会被快乐之神欧佛洛绪涅（Euphrosynē）拜访。当然，如果好事可以拟人化，那么生活中的坏事也可以拟人化。最可怕的守护神是许布里斯（Hybris）——粗暴傲慢的惩罚者。古希腊的守护神可以分为被称作“攸笛蒙斯（eudaimons）”的善神，以及对应的被称为“卡克戴蒙斯（kakodaimons）”的邪神。

古罗马人在自己的万神殿中采用了许多古希

▲ 历史上一些伟大的艺术家曾受恶魔概念的启发，进而描绘出了这些生物所造成的危险图景

腊的守护神，但也添加了属于他们自己的神灵。在古罗马人心目中，自然界的任何角落都可能居住着一种被称为“守护神”（Genius Locii）的精灵。皇帝的精灵后来也被人们当作神来崇拜，然而一些基督徒认为这是对神明的亵渎。这加速了神和精灵向我们现代所理解的恶魔的转变。

不过，据说恶魔在古希腊人和古罗马人出现之前就已经存在。在古埃及，宇宙被分为有序的和无序的两部分。众神和法老都站在有序的一边，他们一直在与那些试图让宇宙回归无序的生物进行战斗。古埃及人没有直接对应恶魔的词汇，但他们将这些生活在黑暗中、散发着恶臭并伤害人类的灵魂视为恶魔。

在古埃及的丧葬典籍中，有一类恶魔守卫着来世的入口。它们手持着由河马、蝎子和鳄鱼等凶猛动物拼凑而成的武器。它们有“罪人的吞噬者”之类的名字。

古美索不达米亚人也敏锐地意识到有些恶魔可能会伤害他们。一篇碑文列出了其中一些恶魔：

> 邪恶的乌图库（Utukku）会在平原上杀害活人。邪恶的阿鲁（Alû）会像衣服一样把人遮盖起来。邪恶的埃提姆、盖鲁（Etimmu、Gallû）会把人捆绑起来。拉玛什图（Lamashtu）、拉巴苏（Labasu）会使人患上身体疾病。

《申命记》将美索不达米亚的旧神描述为恶魔，但我们关于恶魔的现代概念是在《圣经》之外发展起来的。

撒旦 - 地狱王子

▲ 现如今，撒旦的概念借鉴了许多来源，但并非所有的宗教都认同其重要性、作用甚至存在

魔王（The Devil）是西方文化中最具辨识度的人物之一，但在宗教文本中，它几乎没有出现过。乌加里特（Ugarit）的一段文字描述了伟大的神伊勒（El）①是如何被一个恶魔吓坏的：“有两个角和一条尾巴的‘爬行者’向他靠近。他在自己的粪便和尿液中挣扎，伊勒像死人一样倒在地上。”这个长着角和尾巴的“爬行者”看起来很像后来基督教思想中所设想的魔王，尽管魔王从未对亚伯拉罕神（Abrahamic God）有如此强烈的影响。

《希伯来圣约》（*Hebrew Testament*）中的上帝似乎为了他自己的目的而利用了撒旦。在《约伯记》（*Book of Job*）中，一个名叫“撒旦”的人拜访了上帝，两人决定用各种灾难和疾病折磨上帝的忠实仆人约伯，以此来考验他。撒旦在这里的角色是一个考验者，后来撒旦成为独一无二的恶魔之王。作为恶魔部落的领袖，撒旦在后来的基督教故事中占有重要地位。在这些故事中，他诱骗粗心的人放弃他们的灵魂。但相反，也有许多故事乐于记录圣徒如何智取撒旦。

① El：源于古代西亚闪米特民族的通用词汇，意思是神，又称伊勒。希伯来人用其专指《圣经》中的上帝。——译者注

▲ 有些人将恶魔解释为背叛上帝并因此被逐出天堂的天使

这些恶毒的魔鬼有着怪异的外形，如它们呈人形，但长着翅膀、爪子和锋利的喙。这种遍布中东的形象化描述影响了人们几个世纪以来对恶魔的想象。

《圣经》中的恶魔

恶魔的名称和概念从美索不达米亚传入了犹太文学。在阿卡德语（Akkadian）中，莉莉图（Lilitu）意为“神灵”，有些人认为这是莉莉丝（Lilith）的来源。莉莉丝是犹太传统中最古老的恶魔之一，据说她是亚当的第一任妻子，但当她拒绝侍奉亚当时，她被更顺从的夏娃所取代。莉莉丝是犹太传统中最可怕的恶魔之一。

我们关于恶魔的现代概念是在《圣经》之外发展起来的。事实上《旧约》对恶魔的提及相对较少。在《哈巴谷书》（*Book of Habakkuk*）中，当上帝参战时，勒舍夫（Reseph）和德弗（Dever）——瘟疫和鼠疫先于他而出现。

在《托比特书》（*Book of Tobit*）中，恶魔阿斯蒙蒂斯（Asmodeus）在撒拉（Sarah）的新婚之夜杀死了她的七个丈夫。只有当人们祈求帮助时，天使拉斐尔（Raphael）才会被派来赶走恶魔。在《塔木德经》（*Talmudic*）中，阿斯蒙蒂斯有一个同样恶毒的妻子，名叫阿格拉斯·巴特·玛哈拉特（Agrath bat Mahalath）。她是恶魔女王，指挥着10000名听命于她的小恶魔。

在《新约》中，恶魔的出现令人吃惊。耶稣指挥恶魔的能力被他的追随者视为神性的标志，而他的对手则将之视为邪恶的标志。在《马太福音》（*the Gospel of Matthew*）中，有人给耶稣带来了一个被鬼附身的又瞎又哑的人，耶稣治愈了他，使他既能说又能看。众人都惊

▲ 在基督教信仰中，恶魔是地狱的居民，负责囚禁和惩罚犯罪之人的灵魂

奇，说：“这不是大卫的子孙吗？”但法利赛人（Pharisees）听到这话后说道：“这人驱赶恶魔，无非是靠魔王别西卜（Beelzebul）。”

尽管有些人反对，但耶稣似乎一直在与恶魔斗争。在格拉森（Gerasenes）地区，他遇到了一个“被恶魔附身的人”。耶稣询问恶魔的名字。恶魔回答道：“我的名字是军团，因为我们数量众多。”然后恶魔就被扔出了男人的身体，进入了2000头过路的猪群之中，后来这些猪把自己丢进了海里。耶稣允许他的门徒也来驱赶恶魔。“他们赶走了许多恶魔”，这句话表明世界充满了恶魔。自从《圣经》宣布恶魔真实存在以后，数百年来西方的基督教思想家从未怀疑过。

堕落的生物

所有一神论宗教的核心都潜藏着一个问题：如果有一个全能而仁慈的神掌管着宇宙，那么恶怎么会存在？解决邪恶问题的一种方法是将坏事归咎于各种各样的恶魔。如果上帝没有创造邪恶的生物，恶魔从何而来？有人提出，恶魔是自身堕落的产物。

起初，上帝创造了天地，然后他又创造了天使。根据《以诺书》（*the Book of Enoch*），这些天使中有200名守望者。他们看见了人类，就对他们产生了欲望。他们结合产生的后代就是巨人。一位叫作“阿撒兹勒”（Azâzêl）的守望者“教人们制作剑、刀、盾牌和胸甲”。根据这段经文，上帝将所有的罪责都归咎于阿撒兹勒。

虽然亚伯拉罕信仰中没有“堕落的天使”这一短语，但人们普遍认为所有恶魔都是犯了罪而被赶出天堂的天使。《新约》中多次提到撒旦从天而降。

▲ 一些圣人，比如圣安东尼，以与恶魔战斗而闻名

现代恶魔

由于许多宗教都认同恶魔是真实存在的，因此信徒必须了解这些恶魔是谁以及如何避免落入魔爪。

恶魔学从中世纪早期一直发展到19世纪。在一个早期文本《所罗门圣约》（*The Testament of Solomon*）中，我们发现每个恶魔都由一位天使所支配。如果我们能知道那个天使的名字，我们就可以控制它手下的恶魔。所罗门王有一枚魔法戒指来帮助他与恶魔战斗，但是，大多数被恶魔折磨的人并没有任何魔法珠宝来帮助他们。

然而，许多人认为，简单的信仰足以对抗恶魔。在沙漠之父的故事中，为了躲避罪恶而逃到沙漠中的苦行者受到了许多恶魔的攻击。其中，圣安东尼（St Anthony）一直与恶魔斗争，直到上帝将恶魔赶走。

中世纪晚期，恶魔的数量激增。阿方索·德·斯皮纳（Alphonso de Spina）计算出堕落天使创造了133310000个恶魔。如此多的恶魔将不可避免地走向专业化。一些恶魔针对特定职业的人群，例如提蒂维勒斯（Titivillus），他被抄写员指责是导致他们在写作中出错的元凶。其他恶魔则针对更为广泛的人群，比如引诱人们犯下淫乱罪的梦魔（Incubi）和魅魔（Succubi）。

许多伟人都热衷于讨论关于恶魔的种类和能力。即使是国王也会被恶魔困扰。英格兰的詹姆斯一世（苏格兰的詹姆斯六世）写了一本书《恶魔学》（*Daemonologie*），以帮助他的臣民更好地理解他们所面临的来自恶魔势力的危险。然而，有些思想家在故意寻找恶魔。在文艺复兴时期的魔法中，死灵术被用来召唤恶魔以向人们揭示知识。

今天很少有人会相信，恶魔是一股正在不断试图攻击人类并将人类引向地狱的势力。但每个人都会用“内心恶魔”来形容自己性格或行为中不想要的那方面。

恶魔学从中世纪早期一直发展到 19 世纪。

亚洲的怪物

亚洲的怪物

在整个亚洲，从中国和日本到印度和菲律宾，几个世纪以来，怪物和神兽一直在民间传说中频繁出现……

作者：波比杰·帕尔默

▲ 韩国的龙在外观上与中国的龙非常相似，但它们远没有中国的龙那么友好。人们经常将它们与水和农业联系在一起

亚洲民间传说中充满了怪物和神兽，恰到好处地补充了其丰富的历史和复杂的文化。有些怪物和神兽以英雄或神灵的形式出现，而另一些则在相信其存在之人的噩梦中挥之不去。从可怕的喜马拉雅山雪怪、凶残的罗刹、神秘的麒麟，到蛇形的那加（naga），以及日本的半神“天狗”，接下来，我们更加深入地探讨亚洲神话中的怪兽。

当研究充满神话传说的文化时，很难找到一种文化能与中国文化相媲美。很多西方国家的人会把中国的民间传说与龙联系在一起，然而，中国神话传说中所包含的怪物和神兽数不胜数。

与大多数文化一样，一些中国怪物会带来噩梦，而另一些会带来好运，著名的貔貅便属于后者。貔貅通常被描绘成一种有翼狮子的变体，它的翅膀合拢在身体里，头上长着鹿角，是中国神话中最吉祥的生物之一。如今，它们通常被雕刻成挂在后视镜上不停摆动的小玉坠，或者作为被人佩戴在身上的幸运珠宝。但在古代，它们宏伟的雕像作为高贵的守护者矗立在城市和宫殿的入口。在最古老的故事中，貔貅被描绘成一种凶猛的野兽，被古代首领黄帝征召加入他军队中的一支特殊队伍，与其他顶级掠食者一起对抗炎帝。在一些经典著作中，这种生物甚至被用作强大军队的隐喻。但随着时间的推移，它们可怕的形象已经发生了变化。根据民间传说，貔貅违反了天庭的礼仪，在地板上大便，作为惩罚，玉皇大帝封住了它们的肛门，让它们可以进食却无法大便。它们不再发动战争，而是四处吞食恶灵，将其精元转化为黄金和宝物，藏在肚子里，成为了财富和好运的象征。

中国另一种比较有名的野兽是九尾狐，或称狐狸精，它是一种善于变形的精灵。关于九尾狐的最早传说，讲述了住在山里的聪明狐狸们练习道教法术，试图获得永生。随着法术的增强，这些狐狸长出了更多的尾巴。一千年后，能力最强的狐狸长出了九尾，最终长生不老。它们可以变成任何人类的形态，男女老少皆可，不过它们浓密的尾巴经常使其暴露。九尾狐最初被认为能带来好运，但到了宋代，人们转而将其视为妖物。狐狸精的故事随着时间的推移而发展和传播，在日本和韩国文化中得到了不同的演变。

中国以东地区的神话同样丰富，韩国民间传说中也有许多不寻常的角色。近年来，韩国神话生物在现代娱乐中变得流行起来，许多韩剧都将

维塔拉利用自己的知识迷惑人类，杀死儿童和牲畜，并偶尔向邪恶的巫师提供帮助。

▲ 这尊貔貅雕像矗立在江苏省南京市栖霞区陈文帝永宁陵前

▲ 一张雪女（日语“Yuki-onna”）的插图。她像幽灵一样在雪地上滑行，以人类的精元为食

其融入了故事情节中。韩国文化融合了萨满教、佛教、儒家，以及20世纪90年代以来基督教等多种信仰体系。然而，就民间传说而言，萨满教的影响力远远超过其他信仰，关于超自然生物的萨满故事从古至今广为流传。

龙不仅是中国文化的重要内容，也是韩国最著名的生物之一。它是一种喷火的野兽，深受中国龙的影响，然而远没有中国龙那么友好。韩国龙经常与水和农业联系在一起，它们会带来云和雨。据说，它们生活在河流、湖泊、海洋和山间池塘中，经常将这些地方加热并在此筑巢，因为它们的卵需要在温度恒定的沸水下才能孵化。在艺术品中，韩国龙通常看起来与中国龙相似。它们又长又窄，呈黄色和金色，通常每只脚上有四个爪子，背上无刺。它们主要以小型哺乳动物为食，并像蟒蛇一样利用它们长长的身体，在将猎物整个吞下之前先将其勒死。

韩国神话中的另一个主要怪物是山林小鬼（dokkaebi），也被称为韩国小鬼，可以追溯到新罗时代。与骇人的西方典型妖精不同，山林小鬼是拥有非凡力量的自然神灵或精灵。它们经常与人类互动，利用自己的力量捉弄邪恶的人，并帮助和奖励它们认为的好人。它们还可以召唤物体。山林小鬼的外观因故事而异，但它们经常

▲ 这是艺术家吉安·伯纳尔（Gian Bernal）对被称为马纳安加（manananggal）的菲律宾野兽的诠释。这种生物长得与吸血鬼相似，以孕妇为食

被描述为穿着韩服。这种韩国传统服装的特点是包裹的前襟、高腰长裙和鲜艳的色彩。

更远的东边，隔着大洋，便是日本。这个国家有着复杂、丰富的民间传说，其中许多传说都包含了大量骇人的魔法生物。鬼在日本神话中扮演着重要的角色，雪女就是最著名的一个。多年来，关于雪女的故事有许多不同的讲述，但雪女常常以一个身穿白色和服、留着黑色长发、面色苍白的女性形象出现。她在下雪时出现，像幽灵一样在结冰的地面上滑行。她以人类的精元为食，通过吹气将人类冻死，然后从他们的嘴里吸出灵魂。

但并非所有的日本民间传说都让人起鸡皮疙瘩。例如，寇伯库鲁（korobokkuru）的故事就非常可爱，它起源于生活在北海道和日本北部的土著民族阿伊努人的民间传说。寇伯库鲁也被称为寇伯库（korpokkur），与欧洲仙女不同，寇伯库鲁是一个矮小的种族。相传，他们居住在用蜂斗菜叶（butterbur leaves）做屋顶的小坑里，非常擅长钓鱼。他们经常与阿伊努人进行贸易，但他们非常害羞，因此从未被人类看到。有一天，一名阿伊努人伏击了一名寇伯库鲁人，最终看清了这些微型人的样子。寇伯库鲁族人既尴尬又愤怒，他们逃走了，此后便再也没有人见过他们。

回到亚洲大陆，许多印度民间故事都起源于印度教，然后由旅行者和游牧民族传到其他国家。一些世界上最古老的吸血鬼故事就起源于印度，比如那些讲述维塔拉（vetala）的故事。这些可怕的野兽游荡于生死之间，被认为因没有为它们举行像样的葬礼而无法安息。它们居住在墓地，化作恶灵，占据尸体并使尸体手脚向后扭转，它们拥有关于过去、现在和未来的神秘知识。维塔拉利用自己的知识迷惑人类，杀死儿童

▲ 狐妖聚集在一起，它们珍贵的妖力内丹散发着光芒，这些内丹被称为狐火（kitsunebi），也被称为星玉（hoshi no tama）或者星球

妖怪的世界

长久以来，妖怪一直是日本民间传说中的著名生物。妖怪意为“迷人的、吸引人的、灾难的”和“幽灵、幻影、神秘之物”。从广义上讲，妖怪这个词可以用作所有怪物和超自然生物的统称。

民间流传着不同类型的妖怪故事。有些妖怪是邪恶的、有害的，会造成伤害和混乱，而有些妖怪则会给遇到它们的人带来好运。不同种类的妖怪也有各具特色的外形：妖怪常具有动物的特征，如扇动的翅膀或鞘翅（shells），但也有些妖怪具有人一样的形态或者物体一样的形状，还有一些妖怪甚至是无形的。然而，它们都拥有超自然的力量，并能够变换形态。

自日本古代神话出现以来，许多妖怪就一直是广为流传的角色，民俗学家和历史学家认为它们是当时超自然或无法解释的现象的化身。在江户时代，许多艺术家开始借助著名的妖怪来创造自己的妖怪。随着时间的推移，人们越来越难以辨别哪些妖怪是起源于民间传说的，哪些妖怪是后来编造出来的。

▲ 日本艺术家宇川国吉（Utagawa Kuniyoshi）创作的一幅妖怪画像，名为《木丸和天狗》（*Kidomaru and the Tengu*）

和牲畜，并偶尔向邪恶的巫师提供帮助。

亚洲文化复杂多样，几个世纪以来，有关民间怪物的故事广为流传。例如，5英尺长的蒙古死亡蠕虫（Mongolian Death Worm），也被称为死亡之虫（allghoi khorkhoi）。根据喜欢与旅行者分享死亡蠕虫故事的当地人所说，它们栖息在戈壁沙漠，向任何经过它的人喷吐酸液。又比如帕亚那加（Phaya Naga），它是一条老挝的龙，是一个仁慈的神。据说，它生活在湄公河里，保护着万象城。关于帕亚那加的讨论传遍了整个东南亚，成为泰国、柬埔寨、缅甸和越南的热门话题。

菲律宾民间传说中也有怪物，如马头怪（tikbalang）。马头怪是一种可怕的生物，常常被称为“恶魔马”。它们长着马头、马脚和人类的身体，四肢非常长且直立行走。人们认为，它们会在森林里游荡，强奸妇女，并让她们怀上马头怪宝宝。如果这还不足以让你夜不能寐的话，菲律宾还是马纳安加的故乡。马纳安加是一种古老而又迷人的女性吸血鬼。在起飞之前，马纳安加的身体会从腰部分成两半，她的上半部分飞向天空，下半部分则被抛在后面。

狐妖

无论是受人尊敬的守护者，还是邪恶的骗子精怪，
日本狐妖一直令人们着迷

作者：迪·迪·钱尼

日本狐妖（Kitsune）是一种最多可以长出九条尾巴的妖怪。相传，它们诡计多端，就像不同文化中的许多与狐狸有关的生物一样，它们拥有隐身和寻找丢失物品的能力，以高智商和长寿而闻名。

尽管狐妖有许多地方版本，但许多人只将它们分为两类：一类是“好狐狸”（zenko），另一类是“野狐”（yako），意指邪恶的狐妖。善良的狐妖是稻荷（Inari）的使者，被称为“神”（kami），即稻米、农业和丰收之神。

这两种类型的狐妖都可以变形，都能够将自己伪装成人类的样子。而诸多邪恶的故事表明，它们更愿意伪装成迷人的少女，以便它们用诡计诱骗毫无戒心的男人。有些故事讲述了它们如何成为人类的情人甚至妻子，并生育子女。人们认为，那些邪恶的狐妖是人类无数悲惨遭遇的罪魁祸首，其中包括疾病、迷惑和厄运。狐妖能够

▲ 人们可以通过寻找狐妖的影子或尾巴，来发现它们的真实身份。图为19世纪歌川国芳（Utagawa Kuniyoshi）所作的《狐女九津之叶》（*Kuzunoha the fox-woman*）

▲狐妖可能起源于中国神话中的狐狸精，随着年龄的增长，它们可以长出九尾，成为九尾狐

狐妖能够进入人类的身体，附身于人。

进入人体，附身于人，让人口吐白沫，在街上裸奔，言语不清，有时还能使人的皮肤下长出一个蠕动的可视肿块，令人毛骨悚然。它们能够依附于个人和特定的家庭，给附近所有人带来厄运，导致这些家庭被邻居排斥。这户家庭必须用食物和祭品来安抚狐妖，尤其是用它们最喜欢的食物：豆腐——一种由炸黄豆制成的日本料理，以及红豆饭——一种由红豆和米饭做成的食物。如果受到良好的对待，狐妖可以给这户家庭带来繁荣，给予他们保护、智慧和健康。有些故事告诉我们，狐妖所给予的有形礼物往往会随着时间的推移而化为乌有，令接受者失望。

你可以用手指框出一个钻石的形状，并向其中吹气，以此来保护自己免受狐妖的诱惑，或者是为了安全起见，完全避开它们经常出没的荒芜之地。然而，如果你真的成了它们的猎物，只有两种方法可以拯救你：让阴阳师或精神治疗师（spiritual healer）用温和的话语将其驱除，或者将它活生生打出你的身体。可怕的是，传说中确实有被怀疑是狐妖的女性遭到殴打并被烧死。

鬼

挥舞着金棒的鬼在日本广为人知，但它们很可能起源于中国，并随着佛教的传入而为日本人所知

作者：乔安娜·埃尔菲克

据说，巨大的恶魔怪物统称“妖鬼”，会潜伏在灌木和岩石后面，随时准备给粗心的旅行者制造麻烦。还有些鬼则会站在地狱的入口即“地狱之门”处，嘲弄和骚扰那些注定要下地狱的罪人。它们的外表与童话故事中常见的隐匿于破旧桥梁下的欧洲巨魔或发臭的食人魔非常相似，它们披着散乱的长发，有着无情的利爪，张开的大嘴里满是锋利的牙齿。有些鬼的头上长着多个角，而有些鬼的头上只长着一个伸向天空的尖角。它们尽管颜色艳丽，或蓝或粉或红或绿或白，但都非常丑陋。

与常被描绘成挥舞着木棍的欧洲巨魔一样，鬼也经常被描绘成手持一根带尖刺的铁棍的样子。这种铁棍被称为鬼金棒（kanabo），是日本封建武士所使用的武器。鬼通过一只手挥舞鬼金棒来展示神力，并以此来恐吓那些不幸挡住其道路的人，当它们以带有威胁意味的方式扭动额外的手指和脚趾时，它们的一举一动就像疯狂的恶霸一样。

在日本的艺术中，鬼往往是赤身裸体的，但它们会在腰间缠上一块虎皮腰带，破旧的虎皮在它们的肥腿之间晃来晃去。偶尔，鬼也会穿着朝圣者或流浪僧人的布满尘土的长袍出现，但实在是少之又少。鬼有时会在手臂、手腕和脚踝上戴上金色的镯子，以突显它们的权力和地位，但没有什么能改变它们丑陋的面貌。

有些鬼的头上有多个角，而有些鬼的头上只有一个尖角。

▲ 一幅日本蓝鬼的典型画像。它长着锋利的牙齿、爪子和多个角

鬼的起源尚不清楚，但许多人认为，那些在生活中邪恶到无可救赎的人，当他们邪恶的灵魂逃离他们的肉身时，就会变成鬼，居住在地狱的火坑里。

人们认为有些鬼，通常是红色的鬼，不像其他的鬼那般邪恶，它们以善良的远古神灵（ancestral spirit）的形式出现，想与人类成为朋友。这些生物被视为保护者而非恶魔，它们的画像有时被用来驱除厄运。正如石像鬼（gargoyle）保护着欧洲的教堂一样，日本建筑的屋顶上有时也会出现描绘着丑陋鬼脸的瓦片。

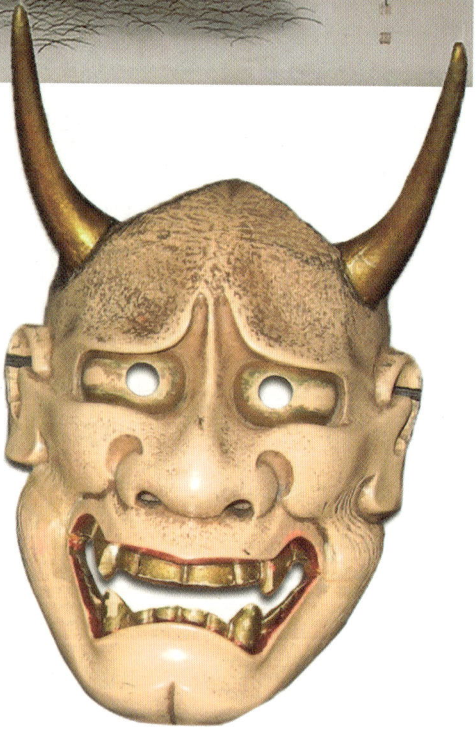

▲ 一个粉红色鬼面具。其典型特征是，大嘴张开，满是牙齿

▼ 大天狗（daitengu）有着红色的皮肤和滑稽的长鼻子，是日本民间传说中最具辨识度的神灵之一

天狗

日本天狗是骗子还是保护者？它曾经被描绘成佛教的邪恶对手，现在被视为守护寺庙的善良神灵

作者：波比杰·帕尔默

鬼神、恶魔和超自然生物一直是日本民间传说中的常客。这些生物被称为妖怪。有些妖怪被视为恶棍，会带来不幸并造成伤害。也有些妖怪被视为幸运符，会为遇到它们的人带来好运。有些妖怪长着人形，有些妖怪形似动物。但所有的妖怪都是神秘的，是超自然或无法解释之现象的化身。

日本天狗拥有超强的体力、神奇的力量、高超的武术，以及飞行的能力，甚至可以说它们是“超级英雄”。天狗与日本文化和宗教尤其是佛教，关系密切。从历史上看，天狗一直被视为佛教信仰的死敌，它们试图引诱人们脱离开悟之路，抢劫寺庙，变身成佛以迷惑僧侣，以及附身女性以诱惑圣人。

在某些传统中，天狗被视为愤怒僧侣的转世灵魂，这导致佛教教派之间经常互称“天狗”，以暗示对方教派的教义具有欺骗性和危险性。

天狗分为两类：大天狗和小天狗（kotengu）。“大天狗”是更著名的一类，通常被描绘成居住在深山森林中的半人形象，有着鲜红色的皮肤、滑稽的长鼻子以及翅膀。大天狗拥有风控、飞行和剑术等特殊技能，常被认为会引发战争和自然灾害，甚至会绑架人类。它们绑架人类有时是为了折磨人类，有时是为了教人类法术。“小天狗”以黑鸢或其他猛禽的形式出现。它们穿着僧袍，但在外表和行为上都比大天狗更有兽性。虽然小天狗被认为是大天狗的仆人，但实际上小天狗出现得更早。大天狗聪明老练，小天狗则容易上当并以人为食。

天狗曾经被视为一种会引诱人类进入树林的骗子，并以向人类房子投掷鹅卵石为消遣，但随着时间的推移，天狗的形象已经演变得更为积极。从18世纪起，许多天狗被视为守护佛寺的善良神灵。

◀ 小天狗也被称为“乌鸦天狗”。它们因外形像鸟而得名，它们常以黑鸢的形象出现

雪怪

雪怪已经成为许多电影中的明星。
它们可能起源于喜马拉雅山上夏尔巴人[①]的民间故事

作者：波比杰·帕尔默

在一定程度上多亏了电影，我们才知道了雪怪。它是一种可怕而又难以捉摸的猿类生物，会在雪地上留下脚印。在西方文化中，雪怪也被称为“可恶的雪怪”，占领银幕的次数可能比任何其他神话生物都要多。从黑白恐怖片《雪怪》（*The Snow Creature*，1954年）和《人兽》（*Man Beast*，1956年），到《雪怪大冒险》（*Smallfoot*，2018年）、《雪怪奇缘》（*Abominable*，2019年）和《遗失的环节》（*Missing Link*，2019年）等现代动画电影，几十年来，雪怪一直是神秘高山狂欢的常客。

然而，尽管雪怪在银幕上名声大噪，却很少

① 夏尔巴人：藏语意为“来自东方的人”，散居在喜马拉雅山两侧，主要在尼泊尔，少数散居于中国、印度和不丹，语言为夏尔巴语，使用藏文。——译者注

▼ 雪怪故事经常发生在喜马拉雅山脉的大部分山区，主要警示人们注意野生动物的危险

▼ 雪怪的故事被用来劝诫人们，尤其是孩子，要待在社区的安全范围内，不要靠近野生动物

雪怪的故事代代相传。

有人提及有关它的神话故事。雪怪的故事源于喜马拉雅山上的民间传说，该地区的土著居民也称雪怪为灭则（Meh-The）。雪怪曾被视为一种活的、会呼吸的生物，是老虎和熊之外的另一种威胁性野生动物。然而，这个神秘的生物，这种巨大的、长着灰色或白色皮毛以及剑状牙齿，并且可以用两条腿走路的人形野兽，已经成为夏尔巴人传说和历史的重要组成部分。夏尔巴人居住在喜马拉雅山脉的大部分山区。

雪怪的故事代代相传，并在不丹、中国西藏、印度和巴基斯坦等邻近国家和地区流行开来。有一个民间故事讲述道，夏尔巴人为了报复一群咄咄逼人的雪怪而喝得酩酊大醉并互相殴打，以此来鼓动雪怪也这样做，但他们的诡计失败了，他们只是进一步激怒了雪怪。另一个故事则讲述了雪怪随着太阳升起而变得更高，并致使所有看到它的人失去了意识。在一些故事中，雪怪是女性，例如一名雪怪抓住了一个男人并生下了他的孩子，当这个男人带着孩子逃跑时，雪怪杀死并吃掉了他们的孩子。

每个故事都有一个共同点，即雪怪是危险的。民间故事警告人们，尽量处于社区内的安全之所，远离野生动物。

19世纪和20世纪，当西方人开始探索喜马拉雅地区时，雪怪的传说进一步传播开来。1921年，英国探险家查尔斯·霍华德·伯里（Charles Howard-Bury）远征珠穆朗玛峰时，在雪地里发现了巨大的脚印。当地人解释说，这是“人熊雪怪”（metoh-kangmi）的脚印。回到家后，霍华德·伯里与一位记者分享了他的经历。这位记者将这个名字翻译成“可恶的雪怪”，这个传说也终于传到了西方世界。

▼ 在绘画和雕像中，佛陀经常被描绘成头上被那加笼罩的样子

那加

这些半蛇半人的神秘生物是印度教、
佛教和耆那教的重要组成部分，
至今仍在南亚和东南亚地区闻名

作者：波比杰·帕尔默

从《龙与地下城》（*Dungeons and Dragons*）中的人头巨蛇到《魔兽争霸》（*Warcraft*）系列中具有蛇形特征的远古精灵，那加（nagas）已成为奇幻世界中的流行元素。但这种近乎神明般的存在实际上源自于南亚和东南亚文化，产生于印度教、佛教和耆那教。这些地区祭祀这种超自然生物的习俗已经有2000多年了。在不同宗教的描绘中，那加的外观略有不同，有时它们是头上和脖子上爬着蛇的人，有时它们是半蛇半人的生物，有时它们完全是蛇的样子。

在印度教神话中，那加是一种强壮且英俊的物种，可以呈现出完全的人形或完全的蛇形，我们能在各种印度教图像中找到它的身影。相传，在创造之神梵天（Brahma）将那加贬入阴间之前，这种生物曾在人世间处处可见。如今，它们居住在一个美丽的、装饰着宝石的地下王国。这个王国被称为娜迦-洛卡（Naga-loka）或帕塔拉-洛卡（Patala-loka），它经常与河流、湖泊、海洋和水井等水体相关。那加能够释放毒素，会对人类构成潜在威胁，但它们听从梵天的命令，只咬那些真正邪恶的人或者那些注定要在年轻时死去的人。

这些地区祭祀那加的习俗已经存在2000多年了。

那加在佛教中有着与大型眼镜蛇相似的体型，但有些那加能够使用法术将自己变成人类。这些版本中的那加既可以与其他次等神一起居住在娜迦-洛卡，也可以与人类一同居住在人间。一些那加居住在水中，另一些那加则喜欢居住在陆地上，通常是洞穴里。佛教神话中，佛陀开悟后不久陷入了沉思，蛇王慕沙林达（Muchalinda）用它的七个蛇头遮住了佛陀的头，为他抵挡了七天的暴风雨。慕沙林达的保护象征着那加可以用它们的力量为佛陀服务。佛陀的两个主要弟子萨里普塔（Sariputta）和莫加莱纳（Moggallana），都被称为“大那加”（Mahanaga），佛教历史上一些最重要的人物甚至将“那加”纳入了自己的名字。

▲ 作为次等神，那加在南亚和东南亚的印度教、佛教和耆那教中已经被颂扬了2000多年

罗刹

这些好战的罗刹出现在史诗和宗教故事之中，但并不总是反派角色……

作者：艾普尔·马登

如果你是桌游或者电子角色扮演游戏的粉丝，你可能会很熟悉罗刹（rakshasa）。你可能会想到一个虎头生物，它有着蓝色的皮肤，挥舞着剑，凶猛无情。

在印度教和佛教神话中，罗刹和雌性罗刹（称为“rakshasi”）无疑是凶猛的，而且由于具有变形能力，它们可能会偶尔表现出动物的特征，有尖牙和爪子。

罗刹是在印度神话的黄金时代——萨提亚年代（Satya Yuga）末期，由创造之神梵天的沉睡之息幻化而成的。罗刹嗜血成性，传说它们一出生就开始啃食梵天。梵天呼求毗湿奴（Vishnu）来保护他，于是毗湿奴将罗刹放逐到人间。在人间，罗刹多了起来，成为有名的战士。罗刹分为善恶两类，据说它们都加入了战神的军队，以便投身于它们最喜欢的工作——战斗。一些罗刹是食人者，它们在战场上最为可

▲ 诃利帝母是一个罗刹，在《法华经》中是佛陀的信徒，在一些佛教传说中被尊为女神

▲ 罗波那（Ravana）之子三头罗刹崔西拉（Trishira）嗜血成性，后来被神猴哈努曼所杀

▲ 印度海得拉巴（Hyderabad）贾格纳特神庙（Jagannath Temple）的壁饰上描绘的图景：邪恶的罗刹王罗波那绑架了女神悉多

怕。罗刹常被描绘成类似吸血鬼的饮血者，它们还有其他与之相似的能力，包括变形、使用幻术、飞行和嗅出人的味道。罗刹在史诗《罗摩衍那》和《摩诃婆罗多》中扮演了非常重要的角色。大多数罗刹都被描绘成了恶棍，但维毗沙那（Vibhishana）是一个例外。维毗沙那是半神圣人毗尸罗婆（Vishrava）与其罗刹妻子达伊提耶公主（Kaikashi）的儿子，是一位虔诚的印度教学者，当英雄罗摩（Rama）的妻子悉多（Sita）被他的兄弟、楞伽（Lanka）国王罗波那（Ravana）绑架时，他帮助了罗摩。维毗沙那打破了罗波那的罗刹士兵身上的隐形咒语，使罗摩的部队能够击败它们并营救了悉多。之后，维毗沙那便成了整个楞伽和其余罗刹的国王。

迦多铎卡伽（Ghatotkacha）是另一个人类父亲和罗刹母亲的后代，他的母亲希丁芭（Hidimba）从其邪恶的罗刹兄弟手中救出了他的父亲怖军（Bhima）。迦多铎卡伽继承了母亲的强大法力，这种法力会在夜间变得更为强大，在库鲁谢特拉战争（Kurukshetra War）的王朝斗争中，他的对手借助一件神器的力量才杀死了他。印度北部喜马偕尔邦（Himachal Pradesh）马纳利（Manali）的一座寺庙便是人们为他而建的。

在佛教神话中，有一群罗刹遇到了佛陀，它们发誓会保护和遵循《法华经》。其中之一便是诃利帝母（Hariti），她是一个在某些佛教传统中被尊为女神的罗刹。

罗刹常被描绘成类似吸血鬼的饮血者，它们还有其他与之相似的能力。

麒麟

在东亚和东南亚人民看来，
麒麟的到访是一种光荣和一份大礼

作者：乔安娜·埃尔菲克

虽然人们对许多神话中的生物感到畏惧和惊恐，但他们认为高贵的麒麟会给它到访的人家带来巨大的财富。据说这种野兽挑剔且严格，只会出现在那些聪明、谨慎的人或者那些注定会在未来大有作为的人面前。因此，看到麒麟也被视为一件吉利的事。相传公元前551年9月，一位名叫颜徵在的孕晚期妇女在路上遇到了一只麒麟。几周后，她诞下了一名男婴，并为其取名为孔丘。这个男孩后来成为一名哲学大师，他还是中国最伟大的圣人。也有人声称，大约2000年前，这种生物在大名鼎鼎的黄帝的花园里嬉戏。因此，麒麟被视为吉兆、成功与繁荣的象征。

强大的麒麟威风凛凛，并在必要时惩罚恶人，但它通常是和平且仁慈的，在地面上行走而不伤草木等生物一分一毫。从外表上看，麒麟是一种令人印象极为深刻的奇幻生物。它的头部

▼ 这些麒麟被雕刻成守门神兽，它们身上有着牛尾、鱼鳞和成对的角

▲ 麒麟是成功和繁荣的吉兆，因此人们会召唤麒麟以祈求好运和财富

有时被描述为狮头，有时被描绘为温和、微笑的龙头。但不管怎样，它的头上都长着螺旋形的鹿角，或者一只独角。它的身体往往像鹿一样，身上覆盖着像鱼鳞一样闪闪发光的鳞片，长着像牛尾一样嗖嗖作响的尾巴和像马蹄一样精致灵巧的蹄子。这种生物经常被描绘为长着一身金色的、散发火焰般光芒的鬃毛，还有说法称其鬃毛上镶嵌着五颜六色的宝石和珠宝。

麒麟经常与长颈鹿联系在一起。15世纪，人们在索马里捕获了一对长颈鹿，并将它们献给了永乐皇帝，永乐皇帝立即宣称其为神兽。如此一来，整个明朝的麒麟图像便均以各种风格的长颈鹿的形式出现，而对麒麟的现代描绘则往往反映了我们对独角兽的理解。虽然总体外观可能会有所不同，但中国、韩国、日本、越南和泰国对这种美丽的神话生物的崇拜和尊重却始终如一。

强大的麒麟通常是和平且仁慈的。

跳脚僵尸

僵尸是中国传说中最可怕的超自然生物之一，
因其独特的僵硬步态而被称为跳脚僵尸

作者：梅兰妮·克莱格

跳脚僵尸，或称僵尸，最早于清代出现在中国文化之中，当时它们被描述为僵直的复活尸体，由于无法正常使用双腿而以一种奇特的跳跃步态移动。据说僵尸有着白色的长发，行为举止几乎像野兽一般，令那些不幸受其侵扰的村民感到恐惧。从外观上看，它们差异很大，有些僵尸看起来几乎还活着，还有一些僵尸则似乎已经腐烂到无法辨认的程度。僵尸的肤色呈淡绿色，有人认为这是其皮肤上长了霉菌的结果。

在文艺作品中，僵尸的外观经常被描述为身穿长袍，头戴有边沿的帽子，并且以带有封印咒语的黄色纸符为装饰，它们头上的帽子通常与清朝官服相关。据推测，它们起源于湘西赶尸的神秘习俗。人们认为，当有人在离家很远的地方去世并且他的家人无力将他带回家乡安葬时，就聘请道士复活尸体，如此一来，这些死去的人便可以自己步行回家。它们通常在夜间出行，以避免与生者相遇。人们认为在回家的路上遇到僵尸是不吉利的。

▲ 在影视剧中，僵尸很容易辨认，因为它们佩戴清朝官吏的帽子，额头上贴着黄色符纸

▲ 可怕的僵尸是中国传说中最著名的超自然生物之一。有人怀疑它们是不是吸血鬼

相传，僵尸通常白天躲在棺材或黑暗的洞穴中，晚上才冒险出去捕食，吸取猎物阳气，从而使自己变得更为强大。关于僵尸特性的最早记载之一可以追溯到18世纪纪昀（纪晓岚）撰写的《阅微草堂笔记》。书中，他解释道：通常来说，它们要么是刚去世不久的人，要么就是尚未完全腐烂的尸体；要么是被恶鬼附身，要么是灵魂被邪术困在体内。由于僵尸非常可怕，人们自然渴望保护自己不受伤害，相信镜子、桃木制品、火和一些护身符可以阻止僵尸靠近。例如，人们相信，如果用鸡血在一张黄色纸片上写下特殊咒语，并将其贴在僵尸的额头上，就可以使僵尸无法移动。

现代怪物

现代怪物的诞生

怪物并不只存在于过去的传说中，现代也有记载

作者：本 · 加祖尔

▲ 随着世界越来越多的地方被探索，我们“遇到”了越来越多的“怪物”

深夜时分，你正在美国宾夕法尼亚州偏僻的351号公路上开车。你的前车灯照出一个在路边走来走去的人影。当你靠近这个人时，他转身面向你的车。这时你发现他根本没有脸。

当你飞驰而去，你想起了关于无脸查理（Charlie No-Face）或绿人（Green Man）的故事，也就是其他司机于黑夜在这条路上看到的事。当你告诉朋友时，他们点了点头。每个人都知道无脸查理是出没于这片区域的怪物之一。

人形怪物

虽然每个人都听说过无脸查理，但几乎没有人知道他是一个真实的人，他根本不是一个怪物。雷蒙德 · 罗宾逊（Raymond Robinson）小时候曾遭遇过一场可怕的事故，他的眼睛和鼻子被烧伤了。罗宾逊知道人们会害怕自己的面

容，于是他开始在夜晚独自出行。当人们在车灯下瞥见他时，他们做出了最坏的猜想，一个现代怪物传说便由此诞生。

都市传说一直存在。人们听到一个故事，往往会和邻居分享。如果这个故事里有一个怪物，那么它几乎注定会传播开来。20世纪和21世纪，都市传说的传播范围已经远远超出了口头复述的范围。以报纸、电视和互联网为渠道，怪物的故事已经流传于社会各处。

虽然关于怪物的古老传说倾向于将奇怪的类人生物放在地图的边缘，但现代人类怪物却存在于每个人的家乡。住在弗吉尼亚州（Virginia）克里夫顿（Clifton）地区附近的人对兔人（Bunny Man）感到恐惧，因为他们一旦从该地区的科尔切斯特立交桥（Colchester Overpass）下经过，就会面临被一个穿着兔子服装的男人谋杀和肢解的风险。兔人传说的起源可以追溯到一个逃跑的精神病人，除了谋杀人类，他还有吃宠物的嗜好。

20世纪发展起来的许多人形怪物，往往会暴露出一种潜在的不安，以及各种心理或身体疾病。你将在美国的不同地方发现这样的传说：一些矮小的人长着巨大的脑袋，埋伏在某处，等待着攻击那些不警觉的人。这些怪物被称为瓜头（Melon Heads），据说他们是患有脑积水的儿童。他们被送进看护所，但受到了本该照顾他们的人的虐待，于是他们便逃进了附近的树林和洞穴之中。如今，他们将之前的凄惨待遇报复在所有偶然发现他们的人身上。

其他类人怪物更像是某种神秘未知的动物，而非人类。人们一直认为大脚野人［Sasquatch，或称大脚怪（Bigfoot）］在北美的森林中潜行，然

▲ 据说弗吉尼亚的兔人会在深夜杀死那些无意中闯进其隧道的人

人们一直认为大脚野人在北美的森林中潜行。

▲ 像大脚野人这样的神秘生物已经成为美国现代怪物传说的一部分，美国民众认为它们会在荒野游荡

而，这种怪物的新变种甚至出现在了现代社会之中。20世纪70年代，在密苏里州，人们开始见到一种新的猿人。“它们全身长满了毛，就像猿猴一样。然而，它们的脸绝对是人类的。它们更像一个毛茸茸的人……发出一种咯咯的声音，就像有人试图在水下吹口哨一样。”这些生物被亲切地称为摩摩（Momo），它们居住在人烟稀少的沼泽地带，这似乎正是大多数怪物的发源地。

怪物出现在城镇和都市时，通常会呈现出人类的样子。黑瞳少年（Black Eyed Children）和黑衣人（Men in Black）都是令人非常不安的神秘人形怪物。据报道，它们会出现在人类家中。脸色苍白、黑色眼睛的孩子们会来敲你的门乞讨，然后对你进行威胁。黑衣人看起来像衣冠楚楚的人类，但是人们对其有着各式的解读。有些人认为它们是为政府工作的特工，有些人认为它们是恶魔，还有些人则认为它们是访问地球并研究人类的外星人。

外星人！

外星人，一种来自另一个世界或维度的生物，它已经在很大程度上取代了恶魔，成为公众恐慌的焦点。虽然有些不太准确，但有传言道，当奥森·威尔斯（Orson Welles）将H.G.威尔斯（H.G. Wells）的《世界大战》（*The War of The Worlds*）改编成广播剧时，人们确信外星人真的降临了新泽西（New Jersey），于是惊慌失

▲ 外星人在很大程度上取代了恶魔和精灵，成为公众想象中的首选怪物

关于外星人的电影也在某种程度上塑造了公众对与外星人相遇情景的认知。

措。这也被视为媒体可以控制社会的一个例证。

在美苏太空竞赛期间，来自太空的怪物似乎比以往任何时候都多。在像《变形怪体》（*The Blob*）和《人体异形》（*Invasion of the Body Snatchers*）这样的电影中，来自外太空的外星人降临了美国小镇。他们都将公民变成了非人的样子——一坨黏稠之物或者一个无意识的复制品。

其他关于外星人的电影也在某种程度上塑造了公众对与外星人相遇情景的认知。2017年，英国关于不明飞行物目击事件的报道增加了五倍。那个时候，电视系列剧《X档案》（*The X Files*）也经常上演与外星人和怪物相关的内容。

外星怪物的历史可以追溯到1947年新墨西哥（New Mexico）州的罗斯威尔（Roswell）市，当时有报道称有一架飞碟于当地坠毁。还有传言说，飞船上的人已经找到了，它们体型小，头大，眼睛又大又黑，就像是瓜头怪物和黑瞳少年的杂交后代。

尽管在罗斯威尔发现的残骸很可能是气象气球的碎片，但外星人仍在困扰着我们。外星人绑架人类事件，与精灵俘虏人类的故事非常相似，在时间长河中广为流传。有些人认为这是人类恐惧的一种标志。

四处游荡的动物

人类最古老的恐惧也许与动物有关，但在现代社会，蜘蛛、蛇和蛆等大多数危险的动物已经渐渐远离了我们的生活，所以我们最害怕的是那些在不该出现的地方出现的动物。

从20世纪20年代开始，有报道称纽约城市地底下潜伏着更大的生物。宠物店曾经出售过小鳄鱼，但许多家庭很快发现小鳄鱼会长得比想象中要大得多，于是他们将小鳄鱼冲进了马桶。这样，很快短吻鳄在下水道中生活的故事就出现了。20世纪，英国也以类似方式出现了动物怪物。当时有大型猫科动物在英国的荒野和田野中徘徊，黑豹、豹子和狮子也都曾在乡村和郊区出现。一些人认为这些动物来自上个冰河时代以来在英国幸存下来的种群，但大多数人认为它们是从私人豢养下被释放或逃脱的动物。

虽然关于生活在英国的大型猫科动物种群的具体证据还没有被人发现，但逃跑的动物确实存在。2015年，一头大象从德国的一个马戏团中逃了出来，杀死了一名在附近树林里散步的男子。即使没有外来的动物在游荡，人类也会意识到危险，任何我们不能迅速识别的东西都可能被夸大成可怕的怪物。

幽灵

有时候，最可怕的是那些看不见的东西。长久以来，幽灵（Ghosts）和食尸鬼一直存在于我们心灵的暗处。20世纪，关于如何召唤它们的故事流传了开来。

血腥玛丽也许是西方世界出现次数最多的幽灵怪物，可能是因为召唤她的仪式相对简单。召唤血腥玛丽，只需在蜡烛点亮的房间里对着镜子

▲ 逃脱的宠物引发了许多有关怪物的恐慌，比如下水道里的短吻鳄

▲ 镜子被认为具有魔法，即使在今天，人们也会尝试通过镜子来召唤像血腥玛丽（Bloody Mary）这样的怪物

念出她的名字。血腥玛丽喜欢挖出人眼，喝下人血。为什么有人会想要召唤血腥玛丽？这是一个尚无定论的问题。

其他20世纪的幽灵都是不请自来的。随着汽车拥有率和驾驶率的提高，越来越多的人会自己在夜间行驶。人们开始述说自己看到了幽灵，一些人甚至与幽灵有过更近的接触。消失的搭便车者便是幽灵，它们钻进人们的车里要求搭便车，结果却神秘地从车上消失了。

很难说这些消失的搭便车者或其他现代怪物是否真的存在。如此多的怪物只能在黑暗中瞥见，这可能暗示了人类的想象力在创造怪物的过程中所起的作用。如果你在深夜发现了一只怪物，请记住“无脸查理”的故事，这个怪物可能没有你想象中的那么可怕。

互联网虚构故事

“我听到有人敲汽车驾驶侧车窗的声音，吓了一跳。我注意到有两个孩子在街上盯着我看。”这就是1998年一个与幽灵有关的互联网的一篇文章，它描述了被称为黑瞳少年的怪物或幽灵。依这篇文章的作者所说，“那些该死的具有黑色眼睛的孩子”正出现在美国各地，威胁着人们。互联网已被证明是传播怪物相关信息和虚假信息的有力工具。许多人声称，黑瞳少年最晚在20世纪80年代就已经出现，但在1998年的那篇网络帖子之前，没有任何人提到过他们。就像其他最先出现在网络上的怪物一样，黑瞳少年也变成了“活生生的存在”。

事实上，许多网络怪物是相互依存的，一个怪物的特点可以转移到另一个怪物身上。一个目击黑瞳少年出现的人说，黑瞳少年宣称：“我们的父母来了。”这对父母看起来就像是两个穿着考究的男人，他们又高又瘦，就像后来出现在网络上的瘦长鬼影（Slenderman）一样。

▲ 黑瞳少年是一个可怕的现代怪物故事，关于他们的第一个记录出现在1998年

▲ 弹簧腿杰克的故事风靡英国，催生了一系列目击事件的详细报道

弹簧腿杰克

维多利亚时代的英格兰铺天盖地都是关于弹簧腿杰克的报道，据说该生物袭击了伦敦街头的年轻女性

作者：梅兰妮·克莱格

英国维多利亚时代，民众着迷于哥特小说、廉价恐怖小说、恐怖戏剧和降神会（séances）故事，同时也出现了关于幽灵和其他恶灵在英国街头游荡以寻找并恐吓粗心大意的公民的谣言。已知关于弹簧腿杰克的第一次目击事件发生于1837年10月，一名年轻女子称，她在穿过克拉珀姆公地（Clapham Common）时遭到了一名奇特的、长着爪子的人的暴力袭击，她的尖叫声把他吓跑了。然而，第二天晚上，此人再次出现，并跳向一辆马车以迫使它离开这条道路。正如目击者后来声称的那样，他跳过一堵九英尺高的墙逃跑了。

在接下来的几个月里，关于弹簧腿杰克的故事不断涌现，伦敦的一些年轻女性声称遭到了一种恶魔生物的袭击，这个恶魔有着尸体般的脸、锋利的爪子、火红的眼睛，以及翻越高墙的超凡能力。1838年2月，当两名十几岁的女孩遭到袭击时，群众的恐慌情绪变得更加强烈。这两人都说，可怕的袭击者"长着十分骇人的外表"，并且嘴里能喷出蓝白色的火焰。

报纸上充斥着关于神秘杰克的故事和讨论，而公众则如饥似渴地阅读了大量关于其事迹的小册子和廉价恐怖小说。虽然许多人喜欢将这些袭击归咎于邪恶的超自然生物，但也有人认为应该受到谴责的是流窜作案的年轻贵族。其中，年轻的沃特福德（Waterford）侯爵是头号嫌疑人，他以喜欢恶作剧而闻名，并且从不拒绝与人打赌。

尽管关于弹簧腿杰克的目击事件在19世纪不断减少，甚至到19世纪40年代已经逐渐消失，但在19世纪中后期，仍出现了几次与之相关的目击事件。1877年，一名在奥尔德肖特兵营（Aldershot Barracks）值勤的士兵自称被一个奇怪的人搭讪并被扇了一耳光，之后那人"以

惊人的速度”躲过了士兵的射击并成功逃走。1888年，又有人声称在夜幕降临之前弹簧腿杰克出现在了利物浦某教堂的屋顶上。虽然如今大多数人都认为这些目击事件不过是一场恶作剧而已，但毫无疑问，弹簧腿杰克是维多利亚文化中不可或缺的重要组成部分。即使是最不相信其存在的读者也会读到他的事迹，而父母则通过弹簧腿杰克吓唬孩子以让他们表现良好。这在一定程度上间接帮助了父母教导孩子，因此这个邪恶的骗子变成了民间“英雄”。

▲ 尽管对杰克外貌的描述各不相同，但他绝对拥有一次性越过高墙的超自然能力

许多年轻女性声称受到了恶魔的袭击，这种生物具有翻越高墙的非凡能力。

不幸的木乃伊

在大英博物馆的画廊里游荡的埃及女祭司的鬼魂，
是造成其所到之处死亡和痛苦的原因吗？

作者：本·加祖尔

1889年，伴随着它的灾难故事，这具“不幸的木乃伊”（Unlucky Mummy）第一次被收藏进大英博物馆。据说从埃及将它运出的那些人中，一个遭枪击，另一个很快死于贫困。英国的收藏者在将它捐赠给博物馆之前也遭受了经济损失，目前它被保存在大英博物馆中。

也许与“不幸的木乃伊”有关的最大悲剧，便是1912年“泰坦尼克”号的沉没。几乎立刻就有报道称，这具“不幸的木乃伊”在沉船时就在船上，有人甚至认为就是它造成了这场海上灾难。也有传言称，这具“不幸的木乃伊”已经因其邪恶的属性而被秘密从大英博物馆中移出，取而代之放在馆中的则是一具复制品。一个美国人发现了这个骗局，于是他提出购买原版，并在打包后乘坐“泰坦尼克”号回家。事实上，这件物品从未离开过大英博物馆，但这并没有阻止人们谈论它对“泰坦尼克”号的恶劣影响。

▲ 木乃伊、诅咒和鬼魂的故事很快就登上了大银幕，进一步传播了这具“不幸的木乃伊”的传说

▲ 公众对所有埃及事物和哥特式恐怖故事的迷恋，使这具“不幸的木乃伊”成为超级明星

▼ 尽管这件古埃及手工艺品被誉为“不幸的木乃伊”，但它实际上并不是木乃伊，而是一个彩绘的棺材盖

博物馆的解释并没有平息关于这具“不幸木乃伊”力量的谣言。据说，许多人光是隔着玻璃看它就被击倒了。一名男子信誓旦旦地称，他的心脏问题就是由木乃伊引起的。他请求博物馆将这具不幸的木乃伊送回它原来的坟墓以解除诅咒。博物馆方无法照办，因为他们从未拥有过这具木乃伊。通常所说的“不幸的木乃伊”实际上只是一个盖在木乃伊上的彩绘盖子。追溯到公元前950年前后，这个棺材盖似乎是为一位重要的女士准备的，尽管棺材盖上的铭文没有标明她的名字。木乃伊本身显然从未离开过埃及。然而，传说她的鬼魂来到了英国，经常出没于现已关闭的大英博物馆地铁站，并在夜间哀嚎不已。夏洛克·福尔摩斯的创作者亚瑟·柯南·道尔爵士（Sir Arthur Conan Doyle）相信这个鬼魂的存在，并将一名调查这具不幸木乃伊的记者的死亡归咎于附在木乃伊上的“邪恶元素”。

与“不幸的木乃伊”有关的最大悲剧便是“泰坦尼克”号的沉没。

大英博物馆震惊地表示这种猜测是“胡说八道”，并嗤之以鼻地补充道：“亚瑟爵士可能天生就相信与埃及木乃伊和其他埃及物品有关的超自然力量，但大英博物馆的馆员并不相信。”不管博物馆相信什么，直到今天，仍然有很多人认为这具不幸的木乃伊拥有黑暗力量。

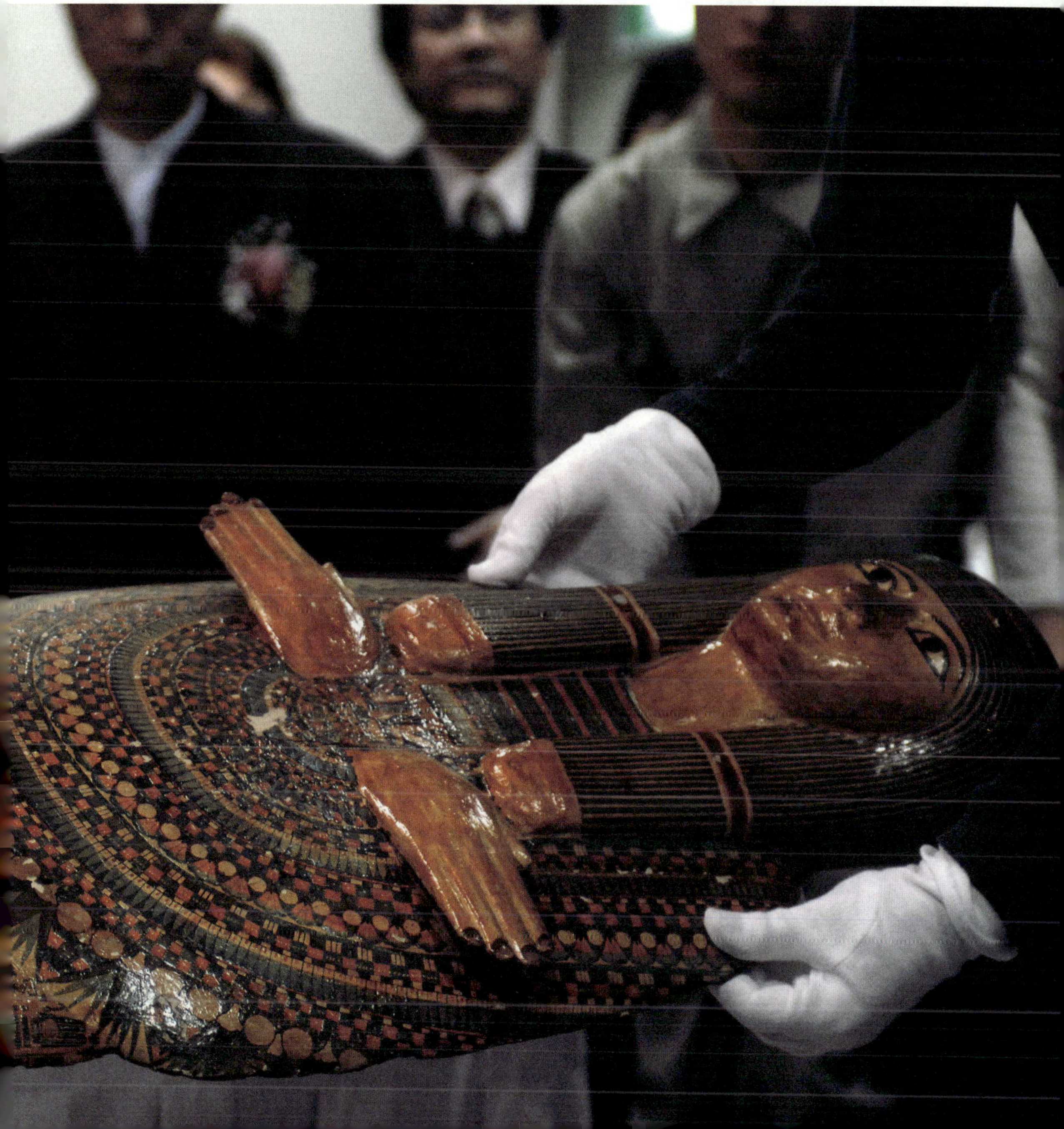

▲ 对尼斯湖目击事件的一种流行解释是，有一种蛇颈龙潜伏在那里。但是，这一观点并没有得到历史或科学的支持

尼斯湖水怪

潜伏在尼斯湖水下的
是一种神秘生物。
但尼斯湖水怪的真实身份
是什么呢?

作者：威洛·温瑟姆

有人认为尼斯湖深处潜伏着怪物并不是什么新鲜事。人们第一次提到这种野兽可以追溯到6世纪，当时有一本书《圣库仑的一生》（*the Life of St Columba*）写道，这位圣人从尼斯湖中的一只水兽手里救下了他的一个同伴。来自宾厄姆（Bingham）的沃尔特（Walter）在12世纪的一份手稿中也提到了湖中的一种生物，它显露出来的部位看起来像一只熊。

然而，直到20世纪30年代，尼斯湖水怪才变成了我们今天所知的蛇形生物。1933年，《因弗内斯信使报》（*Inverness Courier*）的一篇报道记录了乔治·斯派塞（George Spicer）在7月22日经历的震撼事件。一只长约12米、长着波浪状的长脖子的生物，从他的车前穿过马路，然后消失在远处的湖里。“尼斯湖水怪热”很快就如火如荼地上演了。在接下来的几年里，关于有一种或多种蛇形生物生活在湖中的报道不

▲ 用相机捕捉尼斯湖水怪的尝试已经持续了近90年，然而似乎都没有成功

人们曾多次尝试证明尼斯湖水怪的存在。

断出现，引发了人们对尼斯湖水怪长达数十年的迷恋。

人们曾多次尝试证明尼斯湖水怪的存在。尼斯湖现象调查局（The Loch Ness Phenomena Investigation）在1962年到1972年持续展开行动，但未能获得关键证据以确认尼斯湖水怪的身份。多年来，以试图发现这种怪物为主题的旅行一直很受欢迎，游客和调查人员都希望能一睹尼斯湖水怪的风采。事实证明，想要确切拍摄到尼斯湖水怪实在太难。据说，关于这种生物的第一张照片由休·格雷拍摄于斯派塞发现它的同年。后来，这张照片被证明所拍摄的只是一只正在湖水里翻滚的水獭。1934年“外科医生照片”（Surgeon’s Photograph，即“尼斯湖水怪照片”）也同样于1994年被推翻，原来它只是一场使用玩具潜艇制造的骗局。后来的照片也纷纷被证明可以用平凡的事实来解释。视频片段同样一无所获，尽管有几段视频捕捉到长长的、无法辨认的物体从水下拖拽着船只，但没有证据表明它是个怪物。

关于这些目击事件的早期流行观点是：湖里有蛇颈龙的存在。多年来，人们提出过各种各样的其他解释，包括将其错认成某种动物或物体，如水獭、浮木、鳗鱼、地震油气（seismic gas）等，或者将其视为恶作剧。尽管尼斯湖水怪仍然难以捉摸，也很可能没有一个统一的解释，但人们对它的兴趣似乎永远不会消失。

卓柏卡布拉

关好你的动物！这种可怕的拉丁美洲神秘生物嗜血，从不留下活口

作者：威洛·温瑟姆

卓柏卡布拉（chupacabra）是噩梦的素材。其名字来源于西班牙语“chupar”（意为“吮吸”）和“cabras”（意为“山羊”）。之所以这样命名，是因为据说这种生物会吸食山羊或其他家畜的血液。卓柏卡布拉是你不想在黑夜里遇到的怪物。

波多黎各的卓柏卡布拉与尼斯湖水怪和大脚怪，名气不相上下，它于1995年进入了都市传说的世界，首次报道的卓柏卡布拉袭击事件发生在当年的3月。据报道，人们发现了八只死羊，每只羊的胸部都有三个被刺穿的小洞。然而，最令人不安的是，据说这些动物的血液都已经被完全抽干。

事态迅速升级，据说在波多黎各的坎诺瓦纳斯（Canóvanas），有多达150只动物被卓柏卡布拉杀死。1995年8月，一名目击者玛德琳·托伦蒂诺（Madelyne Tolentino）站出来，进一步证实了这种致命生物的存在。根据托伦蒂诺的说法，卓柏卡布拉有两条腿，黑色的眼睛一直延伸到太阳穴，并且分布在头部的侧面。它还有细长的胳膊和腿，有三个手指和脚趾，鼻子上有两个洞，背部有长长的尖刺。在接下来的五年里，卓柏卡布拉多次出现，甚至远至秘鲁、巴西、智利和哥伦比亚。对卓柏卡布拉外观的描述因地点和时间不同而有很大差异，有人说它像袋鼠一样跳跃前行。

波多黎各的卓柏卡布拉在 1995 年进入了都市传说的世界。

▼ 本杰明·拉德福（Benjamin Radford）在他的《追踪卓柏卡布拉》（*Tracking the Chupacabra*）一书中揭穿了卓柏卡布拉传说的真相

多年来，卓柏卡布拉一直被认为是美国乃至澳大利亚和印度动物死亡的罪魁祸首。也有解释说，那些动物受到了吸血蝙蝠、长满疥疮的狗、恶魔、恐龙或变异袋鼠等怪物的袭击。

卓柏卡布拉是否存在？已有的证据并不可靠，因为最初受害者的无血状态未通过必要的尸检来证实。此外，第一位证人提供的证据也站不住脚。后来一名研究人员发现，托伦蒂诺对卓柏卡布拉的描述与《异种》（*Species*）中的生物塞尔（Sil）如出一辙。《异种》是一部恐怖电影，在卓柏卡布拉第一次袭击事件出现的同年进行首映。然而，尽管如此，人们对卓柏卡布拉的兴趣仍然丝毫未减。

▲ 有种不太常见的描述是，卓柏卡布拉像一只无毛的野狗，长着锋利的尖牙和爪子，并且脊柱高高凸起

▲ 天蛾人在世界范围内名声大噪。有人认为这种生物已经被目击了太多次，不太可能是捏造的

天蛾人的传说

天蛾人的传说起源于20世纪60年代的美国西弗吉尼亚州，并且一直流传至今，这一传说不适合讲给胆小的人听

作者：威洛·温瑟姆

1966年11月15日午夜，来自西弗吉尼亚州波因特普莱森特（Point Pleasant）的两对夫妇——史蒂夫·马莱特和玛丽·马莱特（Steve and Mary Mallette）以及罗杰·斯卡伯里和琳达·斯卡伯里（Roger and Linda Scarberry），发生了可怕的遭遇。他们一起坐着斯卡伯里一家的车，目睹了一只无法解释的生物（后来被称为“天蛾人”）。它身长六七英尺，翼展十英尺，红色的眼睛散发着光芒。据马莱特先生所说，它就像一个有翅膀的人。根据他们的陈述，这种生物速度极快，其飞行速度估计为每小时100英里。然而它并不擅长跑步，因为它的动作有些笨拙。斯卡伯里先生立即开车离开现场，这只生物也紧随其后，它在车后盘旋，并且匆匆穿过附近的田野，继续追赶。这种生物的一个弱点似乎是怕光，当车灯照在它身上时，它会试图避开。最后，这只生物直起了身子，伴随

▲ 波因特普莱森特地区竖立了一座天蛾人的雕塑。天蛾人传说在当地民间传说中非常重要

天蛾人一直是美国最受欢迎的都市传说之一，至今仍激发着全世界人的兴趣。

着拍动翅膀的声音消失了。

这场遭遇的记录于次日在《波因特普莱森特记录报》（*Point Pleasant Register*）上发表，引发了一连串类似这种生物的目击报道。毫无疑问，人们看到了一些超自然的事物，关于不明飞行物和怪物的谈论比比皆是。然而，更合理的解释很快就出现了：西弗吉尼亚大学野生动物生物学副教授认为，对这种怪物的描述与美国第二大鹤沙丘鹤（sandhill crane）的外观相匹配。

约翰·基尔（John Keel）在他1975年出版的《天蛾人预言》（*The Mothman Prophecies*）一书中，将天蛾人介绍给了更广泛的受众，并将导致46人死亡和9人重伤的银桥倒塌事件与天蛾人的传说联系起来。这本书是其2002年同名电影的基础。

天蛾人一直是美国最受欢迎的都市传说之一，至今仍激发着全世界人的兴趣。关于这种生物的最初细节被夸大了，由此产生了诸如天蛾人是外星人、是厄运的预兆，或者是某种尚未被发现的动物等各种奇特的说法。一个不那么奇异的解释是，红色的眼睛实际上是手电筒或车灯在仓鸮（barn owls）眼睛上的反射。不过人们还是热衷于天蛾人传说。

美国波因特普莱森特地区完全接受了这个传说，自2002年以来，该地区每年都会在9月的第三个周末举办一年一度的天蛾人纪念活动。

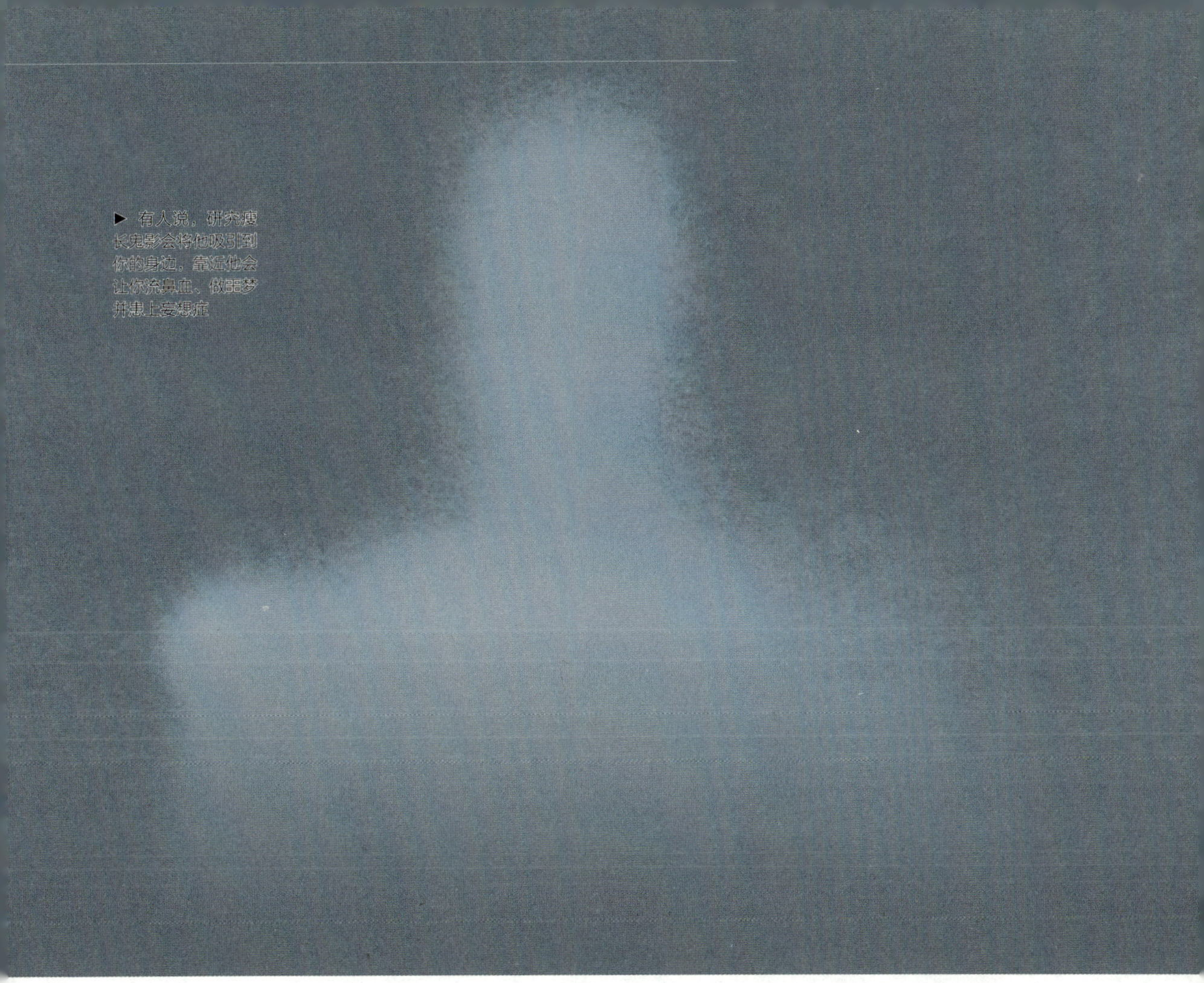

▶ 有人说，研究瘦长鬼影会将他吸引到你的身边，靠近他会让你流鼻血、做噩梦并患上妄想症

瘦长鬼影

这个虚构的网络恐怖故事导致一名 12 岁女孩受到了同学的可怕袭击

作者：迪·迪·钱尼

瘦长鬼影是一种噩梦般的生物，他那张没有五官的脸经常出现在互联网论坛和社交媒体网站上。任何见过他的人都知道他长什么样：一个不自然的又高又瘦、面部没有五官的人形生物，穿着不起眼的西装，有时还长着触手，给人一种超自然的感觉。这些特征都让他成为一个令人极度不安的怪物。他被描绘成一个邪恶的生物，意图跟踪和绑架任何他选择的猎物。

▲ 瘦长鬼影的传统形象如图所示，细长的身体，没有五官的脸，长长的手臂，并且身穿西装

瘦长鬼影是一个令人毛骨悚然的都市传说。

瘦长鬼影是一个令人毛骨悚然的都市传说，而这个现代虚构故事是埃里克·克努森（Eric Knudsen）于2009年在“可怕之物”论坛上有意编造的。他的创作是为了响应艺术家制作超自然图像的号召。埃里克·克努森在图像之外还添加了一些文字片段，编撰了一个险恶的儿童抢夺者的传说。他的创作很快就变成了“蠕动意面”（creepypasta）的一个典型例子，这个恐怖传说随着不同的人在故事和艺术作品中一遍又一遍地重复而成了互联网上的一个梗。仅仅五年后，也就是2014年5月31日，这个梗达到了新的高度。当时，这场互联网上的轰动事件导致了两个女孩将她们的一名同学引诱到威斯康星州沃基肖（Waukesha）的树林，并且刺了她不少于19刀。理由就是，她们想成为瘦长鬼影的傀儡并且获得他的保护，而这一切都需要通过血祭来实现。幸运的是，这名受害者设法爬到路上寻求帮助，并在住院治疗了近一周后康复。两名犯罪者被送进了精神病院。这场袭击事件在整个美国引发了一场围绕儿童使用互联网而展开的道德恐慌。更多与瘦长鬼影相关的事件接踵而至，这引起了民众的强烈反对，瘦长鬼影的人气很快就下降了。

毋庸置疑，瘦长鬼影文化现在已经遍布全球，从数字领域进入了现实世界。如今，瘦长鬼影出现在角色扮演、电影和电子游戏中，并且正在成为孩子们玩捉人游戏时的标准“妖怪”。那些认为自己是恶魔受害者的人的个人故事在网络上比比皆是。他们述说道，在黑暗的夜晚，在废弃的地方，尤其是林地里，他们感觉到自己受到了“监视”和“跟踪”。当你下次走在空无一人的街道上时，一定要回头看看，记得快跑，以防你瞥见瘦长鬼影伸出他奇怪的触手手臂来抓你……

图片所属

16 © Thinkstock. Wikimedia Commons; Public Domain. Creative Commons; Didier Descouens.
23 © Wiki/ Jonathan Deamer; John Bauer; Getty images; Alamy
25 © Getty images
29 © Thinkstock. Wikimedia Commons; PUblic Domain.
34 © Getty. Alamy. Wikimedia Commons; Public Domain.
36 © This file comes from Wellcome Images, a website operated by Wellcome Trust, a global charitable foundation based in the United Kingdom.
37 © Getty images. Wikimedia Commons Creative Commons; Wellcome Images, Gallowglass, JNL
40 © Getty images. Wikimedia Commons; Public Domain.
43 © Thinkstock. Wikimedia Commons; Public Domain. Creative Commons; Wellcome Images
46 © Getty images. Wikimedia Commons; Public Domain.
49 © Getty images. Wikimedia Commons; Public Domain.
57 © Getty images; Alamy
60 © Alamy; Getty images
61 © Alamy
66 © Alamy; Getty images
69 © Alamy
72 © Alamy
75 © Alamy
82 © Wiki images/Nick Roux; getty images
85 © Alamy
89 ©Alamy
90 © Wiki: Metropolitan Museum of Art, Oppermann Collection
95 © Thinkstock. Wikimedia Commons; Public Domain.
105 © Alamy
107 © Wiki Commons: Hjaltland Collection
108 © Alamy
111 © Alamy
113 © Wiki Commons: Hjaltland Collection
113 © Wiki Commons: Thabidladla
114 © Getty
123 © Getty images
132 © Getty images; wiki Manananggal
138 © WIKI Public Domain Soga Shohaku; WIKI CC Flickr images; Alamy
139 © Getty; WIKI Creative Commons
141 © Getty
144 © Getty
146 © Getty images
147 © Alamy; Getty images
151 © Getty; WIKI Public Domain
155 ©Getty; Alamy
165 © Getty images; Alamy; wiki\ MarkScottAustinTX; Brocken Inaglory
169 Image sources: Getty Images
174 © Getty images
177 © Alamy
179 © Alamy; Getty
182 © WIKI Public Domain Christian Dorn, WIKI CC LuxAmber